〝顧客・社員・社会〟をつなぐ「我が信条」

SDGsを先取りする
「ジョンソン・エンド・ジョンソン」の経営

Our Credo

高橋浩夫 著

同文舘出版

まえがき

筆者がジョンソン・エンド・ジョンソン（以下、J&J）の経営に強い関心を持つようになったきっかけの1つは、今から三十数年前に同社のグローバル本社であるニューヨークにほど近いニュージャージー州ニューブランズウィックを訪問したことである。

訪問時でまず印象に残ったのは、「ジョンソンホール」という、本社を象徴する大学の図書館とも思えるような建物である。

訪問にあたっての事前勉強で得た同社の特徴といえば、当時ヘルスケアカンパニーとして世界40カ国に事業拠点を持ち、それぞれが自主独立運営による大小さまざまな事業単位からなり、別名「中小企業の集合体」であるといわれていた。それぞれの事業単位への権限委譲による徹底した分権主義を経営の基本とし、それを統括するのが、グローバルヘッドクォーター（Global Headquarters）であるニューブランズウィックの本社である。しかし、当時の社員数が3万人といわれる中で、本社の従業員数はわずか200人ほどであり、まさに小さな本社が1つの特徴でもあった。

また、このときに訪問したアメリカ企業には、J&JのほかにIBM、GE、DuPont、TI、Xerox等がある。この訪問期間中に目にしたのは、マッキンゼーの2人のコンサルタントによる“In

Search of Excellence"（日本では『エクセレント・カンパニー』の名でベストセラーになったことでも有名）であった。偶然にも同書の中にそれらの訪問企業が事例として紹介されている。同書では、エクセレント・カンパニーの特徴を7つ挙げているが、その1つが「小さな本社」であり、その事例としてJ＆Jが紹介されている。

エクセレント・カンパニーの1つとして、J＆Jのユニークな経営は世界から注目されてきた。同社は、ここ数年の世界の企業の時価総額ランキングでも10位前後に入っている。120年前の創業時から今日まで確実に増収増益を重ね企業価値を上げてきていることでも注目の会社である。

一般に、時価とは会社全体の価値を示す指標であり、会社が将来的に生み出す収益を現時点の価値に換算した数字である。つまり、将来の事業成長を見据えた現在の企業価値であり、その企業の現在の実力と考えてよいだろう。ランキングの上位に入るのはグーグル、ヤフー、マイクロソフト、アマゾンなどＩＴ企業が多く、産業の主役は製造業から非製造業、ＩＴ関連企業へと変わったといえる。しかし、その中にあって、製造業の部類に入る医薬、ヘルスケア産業のJ＆Jは2021年の今も上位を維持しており、世界のリーディング企業である。ちなみに、日本の最大企業のトヨタですら40位以下である。

関心を持つようになったもう1つのきっかけは、筆者らが日本経営倫理学会を創設したときに、アメリカ企業の経営倫理を調べるために「企業行動基準（Business Conduct Guideline）」のインタビュー調査を行ったことである。

１９９０年代初め、日本企業の多くはバブル崩壊による企業業績の悪化によって、その後遺症ともいうべき企業不祥事が次々と起きた。これを重く見た日本経団連、経済同友会は、アメリカ企業に倣うべく企業行動基準の制定による経営倫理の遵守を促した。そこで、アメリカ企業の企業行動基準に注目し、学会の研究活動の一環として「経営倫理綱領研究部会」をつくり、日本に事業拠点を置くアメリカ企業の「企業行動基準」について訪問調査を行った。

その際に、Ｊ＆Ｊの日本法人であるジョンソン・エンド・ジョンソン株式会社における経営倫理の遵守についてインタビューすることになった。当時の日本法人の社長は廣瀬光雄氏である。廣瀬氏は、同社の経営のバイブルともいうべき「我が信条」"Our Credo" について詳しく説明された。これはＪ＆Ｊの世界に共通する企業行動基準であり、これにすべてが託されているということを詳しく説明された。[1]

「我が信条」は経営倫理の教科書には必ずといっていいほど紹介され、有名な事例となっている。「我が信条」は世界各国の事業拠点があるところではその国の言葉に翻訳され、今では49カ国語の言葉で世界の全社員に共有されている。「我が信条」のこれほどまでの共有は、世界に君臨するグローバル企業といえども他に例がない。そして、そのクレドーを経営の基本に据えながら、今日まで確実に業績を重ね成長してきている。

1 これについては、高橋浩夫編著『日米企業のケース・スタディによる企業倫理綱領の制定と実践』（産能大学出版部刊、1998年）を参照。

3つ目のきっかけは、国連が全世界に掲げるＳＤＧｓ（持続可能な開発目標）の達成にかかわるＪ＆Ｊの経営姿勢である。

ＳＤＧｓは、近年の経済活動の市場原理によって生じた人権、環境といったさまざまな社会問題を、世界各国の参画によって２０３０年を目標に解決の糸口を探るメッセージである。ＳＤＧｓには貧困、飢餓、気候変動、ジェンダー、教育などの17目標が掲げられているが、同社はすでにＳＤＧｓの前身である国連ミレニアム目標（ＭＤＧｓ）にも早くから参画してきた。この経営姿勢の基本には「我が信条」があるのである。

今、アメリカ企業の間では株主資本主義かステークホルダー資本主義かが議論されているが、Ｊ＆Ｊは「我が信条」を基盤とするステークホルダー資本主義を貫いている。近年の企業の社会的責任を巡る動きにはＣＳＲ、ＣＳＶ、ＥＳＧ、ＳＤＧｓがあるが、ここにおいても同社はそれを先取りする経営を行ってきている。

また、昨年から人類最大の危機ともいわれる「新型コロナウイルス」が、世界で感染者1億４３８０万人、死者３０６万人（２０２1年4月時点）という甚大な被害を引き起こしている。これに効く薬の開発を、世界各国の政府や企業が国家的研究開発プロジェクトとして行っている。Ｊ＆Ｊはファミリーカンパニーの1つである医薬事業部内のヤンセンファーマで新型コロナウイルスのワクチンを開発してきた。そして、ついに２０２1年2月27日にアメリカ食品医薬品局（ＦＤＡ）が承認し、その使用を許可した。これは1回の接種で十分な効果が得られるほか、通常の冷蔵庫で保管できるとあって接種の加速化が期待されている。人類を脅かす感染状況の中でいち早く新薬の開発に取り組んできたＪ＆Ｊの経営は、ここでも注目されている。

これらのＪ＆Ｊへの関心をきっかけに、今や世界で２５０を超える事業拠点を束ねるＪ＆Ｊの経営とは何か、グローバル企業の事例研究の１つとして、いつも問題意識の片隅にあった。同社とかかわりを持って以来、日本Ｊ＆Ｊの歴代社長である新将命氏、廣瀬光雄氏、デイビッド・パウエル氏、松本晃氏、そして現在の玉井考直氏にはインタビューや研究会に参加していただく形で交流を続けてきた。これらの交流を通じて、Ｊ＆Ｊの経営の全容を少しでも明らかにしたいと思ったのが、本書執筆の理由である。

新春の那須高原で　　高橋　浩夫

目次

“顧客・社員・社会”をつなぐ「我が信条」
SDGsを先取りする「ジョンソン・エンド・ジョンソン」の経営

第1章

誕生と「我が信条」

1 創業の地、ニューブランズウィック

まず、J&Jの創業の地であり、今も同社のグローバルヘッドクォーター（Global Headquarters）となっているニューブランズウィックは、アメリカのどこにあるのだろうか。

ニューヨークからニュージャージー方面に行く駅であるペン・ステーションからペンシルベニア州のフィラデルフィアに行く途中に、ニューブランズウィックの町がある。ニューブランズウィック（New Brunswick）には、ニュージャージー州立大学（State University of New Jersey）の1つであるラトガース大学（Rutgers University）がある。ここはアメリカ合衆国独立前の植民地時代の1766年に英国王の特許を受けて創立された、全米で8番目に歴史のある大学である。

ニューブランズウィックはニューヨークを象徴する摩天楼のそびえるマンハッタンから電車で50分ほどの極めて便利なところに位置している。1730年代にオランダ移民が住み始めたころから、ここの歴史は始まる。

ニューヨークには、オランダに由来する地名が多い。ニューヨークの西側には、アムステルダム・アベニュー（Amsterdam Avenue）がある。その通りに近いコロンビア大学のアップタウンには、ハーレム（Harlem）がある。ハーレムとは、もともとオランダのアムステルダムの隣にある都市の名前である。ハーレムからやってきたオランダ移民は、この地区に根を下ろしながら故国の名前を付

けたのかもしれない。ここはかつて黒人が多く住み治安が悪いことで有名だったが、今は芸術文化が漂う観光地の1つになっている。

また、ニューヨークからニュージャージーに行くときにハドソン川の地下を通る有名なホランドトンネル（Holland Tunnel）があるが、これはまさしくオランダにちなんだトンネルの名前である。ほかにも、金融街で有名なウォール街（Wall Street）があるが、この名はかつてニューヨークに住み始めたオランダ人が、もともと住んでいた住民から襲撃されるのを防ぐ防護柵として壁（Wall）をつくったことに由来する。そもそもなぜ、オランダ人がニューヨークにやってきたのだろうか。

オランダは、16世紀にはスペイン、ポルトガルとともに海洋大国として世界に躍り出た。17世紀後半、オランダはアメリカ大陸をめがけて太平洋を下り、ハドソン川上流から水路を経てニューヨークにやってきた。そのハドソン川にはビーバーが多く生息していた。ビーバーの毛皮はバックや帽子の原料となり、これをヨーロッパに持ってゆくと高価な取引になった。オランダはこのビーバーの取引のために資金を集めて会社をつくった。株式会社のルーツといわれるイギリスの東インド会社と同様に、この会社はニューヨークにおけるオランダの株式会社の先駆けとなった。

最初はニューヨークのダウンタウンである今のウォール街あたりに住んでいたオランダ人も、移民者に増加に伴ってニューヨークの対岸に位置するニューブランズウィックへと移住した。したがって、ニューブランズウィックはオランダからの移住者とともに発展してきたのである。

2 ジョンソン兄弟の思い

J＆Jはその名のとおり、3人の兄弟がかかわっている。兄弟の中でも最初にビジネスを手がけたロバート・ウッド・ジョンソン（Robert Wood Johnson：1845-1910）と、その弟たちであるジェームス・ウッド・ジョンソン（James Wood Johnson：1856-1932）、とエドワード・ミード・ジョンソン（Edward Mead Johnson：1852-1934）である（図表1－1）。2人の弟たちは兄であるロバートが創業した後に引き入れられており、J＆Jのルーツをたどる上では兄のロバートの存在は大きい。

ジョンソン兄弟は、ペンシルベニア州でも北方のニューヨーク州に近いカーボンデール（Carbondale）で生まれた。父はシルベスター・ジョンソン、母はエリザベス・ウッドで、ロバートは長男だった。祖先は1830年にイングランドからアメリカに渡ってきた移民である。ロバートはカーボンデールの公立学校で学んだ後、ペンシルベニア州のキングストンにあるワイオミング・セミナリー・ハイスクールを卒業した。16歳になったロバートは、伯父であるジェームス・ウッド・ジョンソンが営んでいた薬局での仕事の見習いのためニューヨーク州のポキプシー（Poughkeepsie）にやってきた。ポキプシーはニューヨーク市からは距離にしてそう遠くはない。マンハッタン島の東側を流れるハドソン川の上流に位置し、今では風光明媚な観光名所となっている。

ロバートは、伯父のところで薬局向けの膏薬の調剤方法を学んだ。時はアメリカ南北戦争で負傷

図表1-1　ジョンソン兄弟の写真

注：左からジェームス・ウッド・ジョンソン、ロバート・ウッド・ジョンソン、エドワード・ミード・ジョンソン。
出所：J&Jウェブサイト。

した多くの軍人がその地にも帰還するころであった。膏薬の製造方法を学んだロバートは、当時ビジネスの中心となってきたニューヨークで膏薬の技術を活かそうとした。

ロバートはまず輸入薬のセールスマンとしてビジネスの知識を広げ、そこで同じような仕事をしていたビジネスマンのジョージ・シーベリーと意気投合して「シーベリー&ジョンソン」という会社をつくった。しかし、ロバートも共同経営者であるシーベリーも我が強く頑固な性格で、ビジネスは成長していくものの、2人は意見の対立が多かった。

そこにロバートの弟であるジェームスとエドワードが加わった。ジェームスには膏薬製造のための新しい機械をつくる技術があり、エドワードには営業や広告宣伝に関するセンスがあった。3兄弟はうまくかみ合って事業は成長していったが、ロバートと共同経営者のシーベリーの対立は深まり、結果的にロバートは

図表1-2　創業時に借りたニューブランズウィックのビル

出所：J&Jウェブサイト。

シーベリーと別れ、ジョンソン兄弟で新たに会社をつくることになる。

ロバートはあるとき、ニューヨークから事業の拡大を夢見て電車でワシントンに向かう途中で目にした"For Rent"の看板を見つけ、壁紙工場だった小さなビルの4階を借りて新たな事業を起こすことを決意する（図表1－2）。これが今日のJ&Jの創業の地である、ニューブランズウィックである。

先に述べたように、ニューブランズウィックは1730年ごろからオランダ移民が住み始めたところである。1834年にはハドソン川上流のデラウエア・ラリタン水路が開通し、ニューブランズウィックが北の港となると、そこはアメリカで最も多くの船が出入りする港になった。街は靴をつくるゴム工場や果物入れの工場など、多くの工場が立ち並ぶようになった。医療器具やヘルスケア用品をつくり始めたJ&Jも、その仲間として事業を本格化させることになる。

3 ジョンソン兄弟の次なるチャレンジ

16歳でペンシルベニアの田舎から出てきたロバートは、ポキプシー、ニューヨークを経てここニューブランズウィックに移り、ジョンソン兄弟とともにその後の発展の基礎を築いていく。

一方、１８００年代中ごろは外科手術における死亡率は高かった。このころは消毒の技術がまだ確立されていなかったため、技術的には治ると思われた患者も、手術後の感染症により助からないことが多かった。当時はまだその原因が解明されていなかったが、１８００年代後半になると、細菌学によって少しずつ明らかになる。イギリスの医師、ジョセフ・Ｐ・リスター博士（Joseph P. Lister：1827-1912）は、「空気中にある見えない細菌が患者に感染する」というパスツール理論を外科手術に応用し、消毒方法を開発した。１８７６年、アメリカ・フィラデルフィアで開催された医学会に出席したロバートは、リスターの話に大きな感銘を受け、このことが、J&J発展のエポックとなる消毒用手術包帯という新しい製品を開発するきっかけとなった。

１８８６年、ジョンソン兄弟がニューブランズウィックで膏薬の製造を主な事業の柱として始めたとき、社員は14名であった。14名という小人数による薬品の製造は当初危ぶまれたが、１年後には１２５名になるほど事業は大きく成長した。これにはどのような事業の発展があったのであろうか。

ロバートの考えた製品は、天然ゴムをベースにした湿布薬であった。これは当時大変な人気を博し、また、その処方箋も書いてあることからアメリカの多くの薬局に置かれることになった。また、包帯の開発製造も手がけ、タールを塗った麻の繊維でつくられたもののほか、石灰酸を含ませた木綿のものを開発した。この木綿の包帯は匂いがひどく「手術室のスカンク」といわれるほどだったが、効果は抜群だった。このあたりからも、新しい製品開発に果敢に挑戦する、ロバートの開拓者精神が読み取れる。

ロバートはニューブランズウィックの街をよく散歩したが、その途中でオペラハウスの薬局にしばしば立ち寄っていた。この薬局は薬だけでなくソーダ水のような最新の流行のものを置くなどして、人気を得ていた。ロバートはそこで、経営者のフレデリック・バーネット・キルマー博士（Frederick B. Kilmer：1851-1934）と出会う。キルマーは当時35歳という若さでニュージャージー州のファーマスーティカル・アソシエイション（Pharmaceutical Association）の会長を務め、のちには『タイム』誌で「アメリカでもっとも尊敬された薬剤師」と紹介されたほどの人物である。ロバートとキルマーは、同じニューブランズウィックにあって同じ事業領域を目指す良きパートナーとなって成長していく。

そして、1888年、キルマーは医学の専門家の意見をまとめ、手術や消毒についてまとめたガイドブックとして、J&Jの名で“Modern Methods of Antiseptic Wound Treatment”を出版した（図表1－3）。

ロバートとキルマーによるこの本は、当時の外科的処置のハウツーを集めた１つのマニュアルであった。また、Ｊ＆Ｊは出版から数カ月以内に、全国の薬剤師や医師に８５００部を無料で配布したため、すぐにこの本は業界の標準となった。これには同社の製品カタログも含まれ、この本を通じての一層の宣伝効果をもたらした。

Ｊ＆Ｊは創業当時から世界で手術着と医療用品のリーダー的存在として成長してきた。徐々に製品の種類を拡大し、１８９１年にはバクテリア研究所を設立し、この年には新技術による手術用縫合糸の分野にも進出した。この年に末弟のエドワード・ミード・ジョンソンはミード・ジョンソン社を設立した（ミード・ジョンソンはその後ブリストル・マイヤーズに買収されている）。リスターの理論を最初に事業化し、Ｊ＆Ｊ発展の基礎をつくったロバート・ウッド・ジョンソンは、１９１０年に亡くなった。

図表1-3　Modern Methods of Antiseptic Wound Treatment

出所：J&Jウェブサイト。

4 ロバート・ジョンソン2世の時代へ

ロバートが亡くなった後、J&Jは弟であるジェームス・ウッド・ジョンソンに引き継がれる。ジェームスの社長時代である1921年には、J&J製品の中で世界で最も知られ使用されている救急絆創膏「バンドエイド（BAND-AID）」、ベビースキンケア「ジョンソン ベビークリーム」を含むさまざまな製品を発表し、製品の多角化を図った（図表1-4）。さらに1924年にJ&Jの最初の子会社をイギリスに設立し、国際化への一歩を踏み出した。しかし、ジェームスは高齢であったため1932年に社長の椅子を創立者ロバートの息子であるロバート・ウッド・ジョンソン2世に譲り、1938年正式にJ&Jの会長兼CEO（Chief Executive Officer：最高経営責任者）になった。

ロバート・ウッド・ジョンソン2世はラトガース大学予備高等学校を卒業後、J&Jに入社し、30代でCEOになる。

3代目の社長となったロバート・ウッド・ジョンソン2世は、父である創業者のロバートと区別するため「ジェネラル・ジョンソン（General Johnson）」と呼ばれた。これは第二次世界大戦において准将という高い地位で従軍したことに由来する。ジェネラル・ジョンソンは父の経営するJ&Jに高校時代から半ばアルバイトのような形で出入りし、製品事業のことを細かく学んでいた。大学に行くべきだとのアドバイスを振り切り、若いときから経営に深くかかわっていた。

「我が信条」は、このジェネラル・ジョンソンこそがＪ＆Ｊの経営にかかわってゆく中で制定されたものである。１９００年代初頭といえば、経営学の祖といわれるフレデリック・ウィンズロー・テイラー（Frederick Winslow Taylor：1856-1915）が“The Principles of Scientific Management”（『科学的管理法の原理』）という本を著したころである。同書は、アメリカでも初めて経営を科学的に捉えたことで経営者の間で広まった、初めての「経営学書」である。ジェネラル・ジョンソンはこのような背景もあって時代の最先端を行く経営理論にも精通し、その後の経営の基盤となるようなさまざまな経営手法を考案したといわれる。

ジェネラル・ジョンソンは世界が大恐慌で苦しんでいた１９３５年に、全米のビジネスリーダーにあてた“Try Reality”という小冊子を出し、その中で独自の経営哲学を提唱した。そこには今の「我が信条」に通じるいくつものくだりがある。「苦しい時代をここ数年経験してきた。その中で社会が真に求めているサービスを提供し、社会と共存していける企業だけが成功する権利があることが明らかになってきた。」このような恒久的な

図表1-4　初期のころのバンドエイド

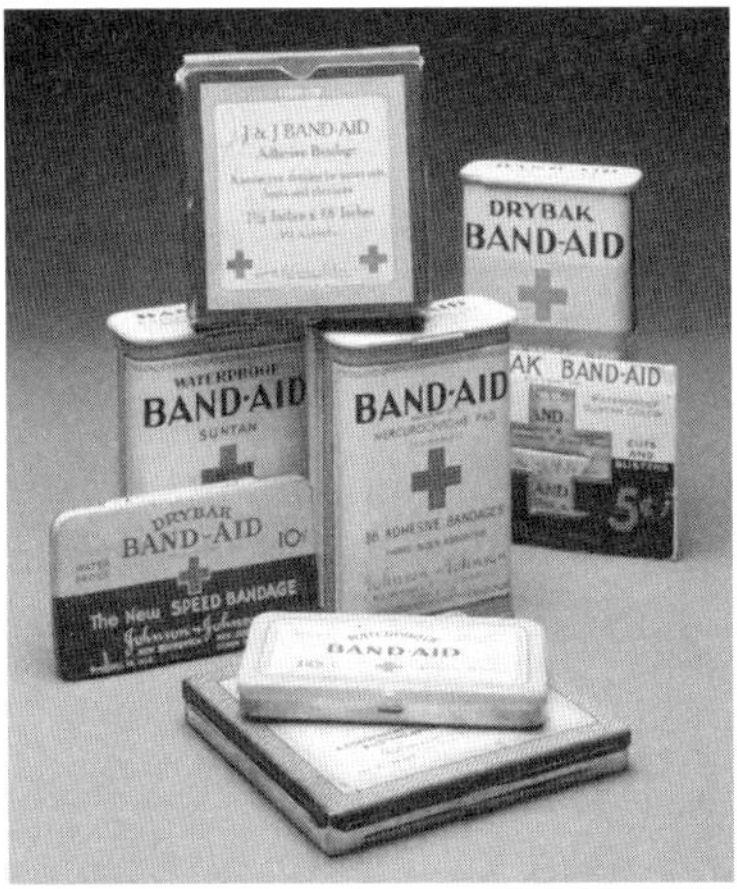

出所：J&Jウェブサイト。

図表1-5　ロバート・ウッド・ジョンソン2世
―「我が信条」の起草者

出所：J&Jウェブサイト。

成功、より高い次元で利益追求を行う啓発された利益(enlightened self-interest)が企業の責任であると述べている。[1]

しかし、この考え方は当時世間から受け入れられるものではなく、反応はあまり良くなかった。その後、1943年に"An Industrial Credo"と題した文書を取締役会で発表した。その内容は、1935年に発表した"Try Reality"で提唱した企業の責任を具体的に表したものである。この文章では3つの責任、「消費者に対する責任」、「社員に対する責任」、そして「株主に対する責任」について書かれている。その後見直され、1948年に「地域社会に対する責任」が追加され、現在の原型が出来上がった。

また、1943年はJ&Jという企業にとって大きな意味を持つ年だった。この年にニューヨーク市場で株式公開を行い、会社が家族経営企業から公開企業に大きく変わる分岐点となったからである。"An Industrial Credo"は発表された直後から同社の印刷物に刷り込まれ、ジェネラル・ジョンソンは社員への配布や会議室への掲示を通してその浸透を図っ

1　Lawrence G. Foster, *A Company That Cares: One Hundred Years Illustrated, History of Johnson & Johnson*, 1986.

た。十年来の思いを株式公開前に発表したジェネラル・ジョンソンの「我が信条」への思いが込められている（図表１－５）。

5 「我が信条」（Our Credo）の起草

「我が信条」は３代目社長であるジェネラル・ジョンソンが１９４３年に自らの経営信条として著したものだが、今日まで多少の修正はあったもののその骨格は変わっていない。伝統ある日本企業でも会社の目的や創業の精神を明確にしたものはあるが、その多くは抽象化し簡潔な言葉にしている場合が多い。しかし、Ｊ＆Ｊの「我が信条（Our Credo）」は極めて具体的で経営の幅広い領域を視野に入れた信条となっている。その信条とは、次の４つから成り立っている。

我が信条

我々の第一の責任は、我々の製品およびサービスを使用してくれる患者、医師、看護師、そして母親、父親をはじめとする、すべての顧客に対するものであると確信する。顧客一人ひとりのニーズに応えるにあたり、我々の行なうすべての活動は質的に高い水準のものでなければならない。

我々は価値を提供し、製品原価を引き下げ、適正な価格を維持するよう常に努力をしなければならない。顧客からの注文には、迅速、かつ正確に応えなければならない。我々のビジネスパートナーには、適正な利益をあげる機会を提供しなければならない。


我々の第二の責任は、世界中で共に働く全社員に対するものである。

社員一人ひとりが個人として尊重され、受け入れられる職場環境を提供しなければならない。社員の多様性と尊厳が尊重され、その価値が認められなければならない。社員は安心して仕事に従事できなければならず、仕事を通して目的意識と達成感を得られなければならない。待遇は公正かつ適切でなければならず、働く環境は清潔で、整理整頓され、かつ安全でなければならない。社員の健康と幸福を支援し、社員が家族に対する責任および個人としての責任を果たすことができるよう、配慮しなければならない。

社員の提案、苦情が自由にできる環境でなければならない。能力ある人々には、雇用、能力開発および昇進の機会が平等に与えられなければならない。

我々は卓越した能力を持つリーダーを任命しなければならない。

そして、その行動は公正、かつ道義にかなったものでなければならない。


我々の第三の責任は、我々が生活し、働いている地域社会、更には全世界の共同社会に対するものである。世界中のより多くの場所で、ヘルスケアを身近で充実したものにし、人々がより健康でいられるよう支援しなければならない。

我々は良き市民として、有益な社会事業および福祉に貢献し、健康の増進、教育の改善に寄与し、適切な租税を負担しなければならない。我々が使用する施設を常に良好な状態に保ち、環境と資源の保護に努めなければならない。


我々の第四の、そして最後の責任は、会社の株主に対するものである。

事業は健全な利益を生まなければならない。我々は新しい考えを試みなければならない。研究開発は継続され、革新的な企画は開発され、将来に向けた投資がなされ、失敗は償わなければならない。新しい設備を購入し、新しい施設を整備し、新しい製品を市場に導入しなければならない。逆境の時に備えて蓄積を行なわなければならない。これらすべての原則が実行されてはじめて、株主は正当な報酬を享受することができると確信する。

Our Credo

We believe our first responsibility is to the patients, doctors and nurses, to mothers and fathers and all others who use our products and services. In meeting their needs everything we do must be of high quality. We must constantly strive to provide value, reduce our costs and maintain reasonable prices. Customers' orders must be serviced promptly and accurately. Our business partners must have an opportunity to make a fair profit.

We are responsible to our employees who work with us throughout the world. We must provide an inclusive work environment where each person must be considered as an individual. We must respect their diversity and dignity and recognize their merit. They must have a sense of security, fulfillment and purpose in their jobs. Compensation must be fair and adequate and working conditions clean, orderly and safe. We must support the health and well-being of our employees and help them fulfill their family and other personal responsibilities. Employees must feel free to make suggestions and complaints. There must be equal opportunity for employment, development and advancement for those qualified. We must provide highly capable leaders and their actions must be just and ethical.

We are responsible to the communities in which we live and work and to the world community as well. We must help people be healthier by supporting better access and care in more places around the world. We must be good citizens — support good works and charities, better health and education, and bear our fair share of taxes. We must maintain in good order the property we are privileged to use, protecting the environment and natural resources.

Our final responsibility is to our stockholders. Business must make a sound profit. We must experiment with new ideas. Research must be carried on, innovative programs developed, investments made for the future and mistakes paid for. New equipment must be purchased, new facilities provided and new products launched. Reserves must be created to provide for adverse times. When we operate according to these principles, the stockholders should realize a fair return.

第2章

グローバル経営体制

1 事業概況

J&Jと聞くと、われわれにとって身近な商品といえばドラッグストアでは必ず売っているバンドエイドや綿棒、赤ちゃんがいる家庭ではベビーパウダー、コンタクトレンズをしている人では使い捨てコンタクトレンズなどであろう。しかし、これらはわれわれ消費者に直結するコンシューマーグッズの製品である。その他に売上の大きな部分を占めるのは、病院などに納める医療機器や医薬品である。医療機器や診断薬には、外科、内科をはじめ幅広い診断領域で使用される多種多様な医療器具や医療用品、輸血検査や生化学検査などで用いられる診断薬、コンタクトレンズなどがある。医薬品はJ&Jのファミリーカンパニーであるヤンセンファーマ（Janssen Pharmaceutical）が担い、がん、免疫疾患、精神・神経疾患、感染症、ワクチン等の幅広い薬を扱っている。

2019年時点でJ&Jは世界60カ国に約250のファミリーカンパニーを持ち、地球上の180カ国に製品、サービスを提供している。同社の売上は世界全体で820・59億ドル、純利益は151・19億ドル、従業員は13万2000人である（図表2−1）。2005年からの売上、利益の推移を見ても着実に成長してきている。

事業活動である製品群はコンシューマー用品、メディカルデバイス用品、医薬品の3つのカテゴリーに分けられる。

図表2-1　J&Jの現在（2019年）

設立	1886年、アメリカ、ニュージャー州ニューブランズウィックで創業。 ロバート・ウッド・ジョンソン兄弟によって設立。 細菌学の発見を応用して包帯、ガーゼなどの防腐性外科手術用品を商品化、その後コンシューマー、ヘルスケア、医薬事業へと拡大。
本社所在地	ニュージャージー州ニューブランズウィック
CEO	アレックス・ゴースキー（Alex Gorsky）
全世界の社員数	約13万2,000人（2019年）
総売上高	820.59億ドル
利益	151.19億ドル
研究開発費	113.55億ドル
コーポレートガバナンス体制	取締役会：メンバー11名（内、社外取締役10名） 執行役会：エグゼクティブ・コミッティー　14名 委員会組織：監査、報酬、財務、指名・コーポレートガバナンス、コンプライアンス、科学技術・サステナビリティ
経営上の特徴	全世界60カ国に進出、250社からなるファミリー企業グループ。権限委譲による徹底した分権経営、求心力は「我が信条」の価値共有。
歴代CEOの推移	Robert Johnson II　1932－1963　31年間 Philip Hofmann　1963－1973　10年間 Richard Sellars　1973－1976　3年間 James Burke　1976－1989　13年間 Ralph Larsen　1989－2002　13年間 William Weldon　2002－2012　10年間 Alex Gorsky　2012－現在 これまでの推移を見ると歴代のCEOは約10年前後で代わっている。現在のゴースキー氏はほとんどのキャリアをJ&Jの医療機器や診断薬部門で経験。J&Jの前の10年ほどはスイスの製薬大手のノバルティスで製薬業務での幅広い経験を持つ。また、アメリカ陸軍の特殊部隊アーミー・レンジャーでの任務経験があり、ペンシルベニア大学ウォートン・スクールでMBAを取得。

出所：J&J本社提供資料をもとに筆者作成。

図表2-2　近年の業績推移（売上、利益）

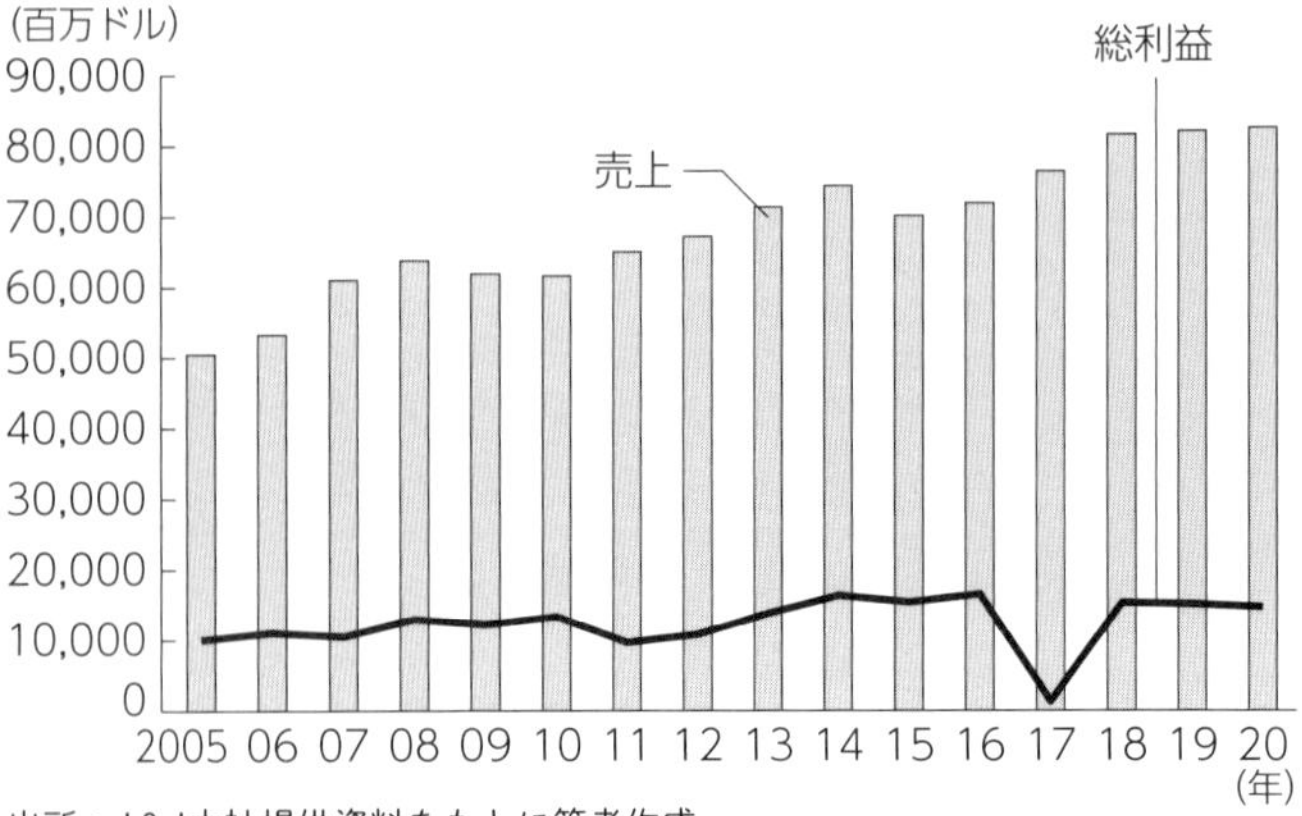

出所：J&J本社提供資料をもとに筆者作成。

図表2-3　製品別売上高と地域別売上高（2020年）

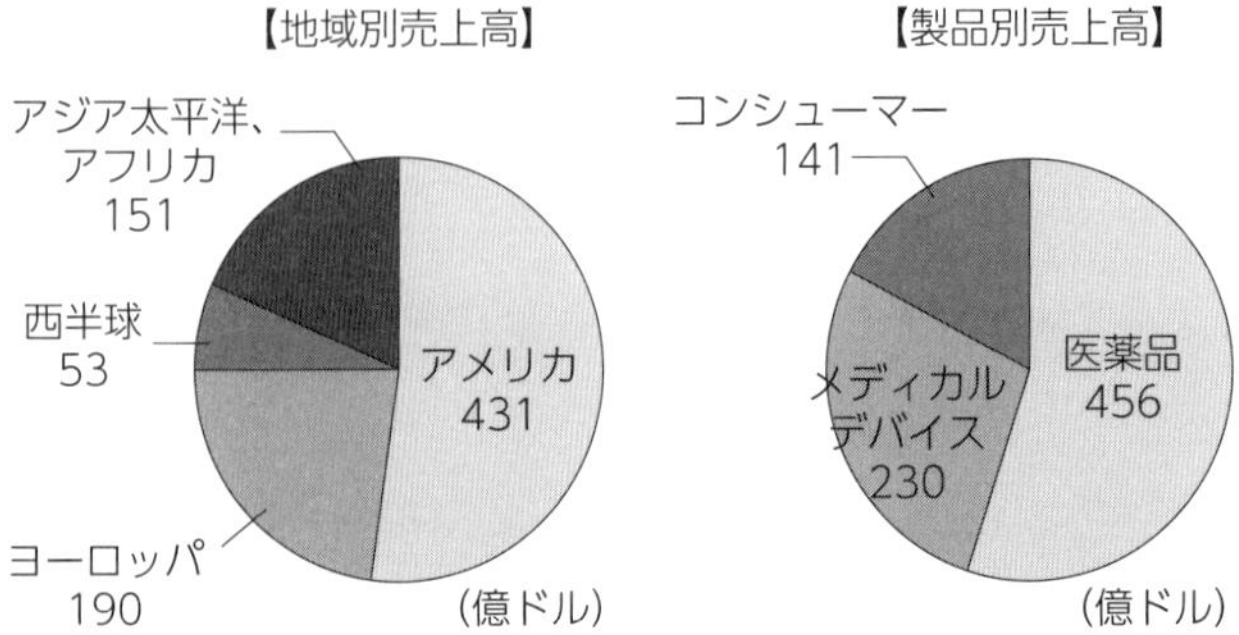

出所：J&J「Annual Report 2020」。

コンシューマー用品はベビー用シャンプー、オイル、パウダー、ローションなどが同社の伝統的なマーケットとなっている。バンドエイドは1921年に商品化されて以来、今日まで100年間全世界で不動の商品として売られている。その他女性の衛生用品や鎮痛剤は最も売られているコンシューマー用品の1つである。

メディカルデバイス用品としては、J&Jは最初に防腐性の殺菌した外科用品を商品化している。縫合糸、外科手術用キャップ、ガウン、手袋、精密器具、診断用機器、歯科用品などの幅広い製品がこのカテゴリーに入る。

医薬品では処方用医薬、診断試薬、治療薬がある。

これらの3つの製品カテゴリーは、2020年の場合、コンシューマーが141億ドルでメディカルデバイスが230億ドル、医薬品が456億ドルである。地域別では2020年の場合、売上の半分にあたる431億ドルがアメリカ国内であり、ヨーロッパが190億ドル、アフリカ、アジアとオーストラリアを含めて151億ドル、アメリカ以外の西側諸国（カナダ、南米等）が53億ドルである。創業以来確実に売上高、利益ともに伸ばしてきている（図表2－2、2－3）。

2 飛躍と発展

1919年のカナダ、1924年のイギリスをはじめに、海外への事業拡大を図ることになる。

図表2-4　J&J小史

1886－1926　手術、創傷管理用製品からの出発	
1886	ロバート・ウッド、ジェームス・ウッド、エドワード・ミードのジョンソン3兄弟がニューブランズウィックにジョンソン・エンド・ジョンソンを創業
1888	『最新の防腐的創傷治療法』（“Modern Methods of Antiseptic Wound Treatment”）を刊行。防腐手術の標準的教科書となりアメリカのみならず世界各地に無菌手術の手法が広がるきっかけとなる
1894	母子ともに安全な出産をサポートするマタニティキットを発売。同年ベビーパウダーを発売、J&Jの歴史的ベビー製品事業の基礎となる
1906	サンフランシスコ大地震の発生。J&Jは市民のための製品と義援金を贈る。企業災害支援としては当時最大の額
1910	ロバートの弟、ジェームス・ウッド・ジョンソンが2代目社長に就任（1932年まで）
1921	「バンドエイド」ブランドの絆創膏発売（世界初のガーゼ付き救急絆創膏）
1924	イギリスに最初の海外進出

1927－1946　製品群拡充と海外事業の拡大、株式公開へ	
1930－1931	メキシコと南アフリカ、オーストラリアに進出
1932	創業者、ロバート・ウッド・ジョンソンの息子であるロバート・ウッド・ジョンソン2世が3代目社長に就任。「ジェネラル・ジョンソン」の愛称で知られたロバート2世は分社化を行い、分権経営によるファミリー企業体を目指す
1937	アルゼンチンとブラジルに進出。ニュージャージー州リンデンに研究所設立
1943	ロバート・ウッド・ジョンソン2世が「我が信条」（Our Credo）を起草、その後のJ&Jの行動憲章となる

1947－1966　継続した製品拡大と「我が信条」によって業界リーダーの地位を築く	
1954	ベビーシャンプーを発売（初の石鹼成分を含まないシャンプー）
1957	インドに進出
1959	アメリカのマクニール・ラボラトリーズ社とヨーロッパのシラグ・シェミー社を買収。ヒット商品となる鎮痛剤「タイレノール」が商品化
1961	ベルギーのヤンセン・ファーマスーティカ社がJ&Jのファミリーカンパニーとして参画

1967－1986　医学の進歩による革新的製品の創造	
1963－1973	フィリップ・B・ホフマンCEOの下、統合失調症の新治療薬、家族計画製品やパーソナルケア製品を次々と発売
1978	ニューブランズウィックの新本社建設を発表、同市の再活性化に向けた官民連携事業に着手
1976－1989	ジェームズ・E・バークCEOの下、J&Jは新時代に入り、ビジョンケア、創傷縫合器、糖尿病管理などの事業展開。中国やエジプトにも進出

1987－2011　買収と社内開発による業界リーダーの立場の強化	
1987	世界初の使い捨てコンタクトレンズ「アキュビュー」発売
1989－2002	ラルフ・S・ラーセンCEOの下、ニュートロジーナ社、オーソ・クリニカル・ダイアグノスティック社、コーディス社、セントコア社がJ&Jのグループ企業となる。ロシアと東ヨーロッパに進出
1994	世界初の革命的となる心臓病治療のステントを発売
2002	ウィリアム・C・ウェルドンCEOの下、HIV/AIDSなどの新領域に進出、健康とウェルネスの分野にも事業拡大
2006	ファイザーのコンシューマーヘルスケア部門を買収
2010	国連のミレニアム開発目標のサポート企業として、途上国の母子保護の向上に貢献
2011	創立125周年を迎える

出所：J&J本社提供資料をもとに筆者作成。

その後メキシコ、南アフリカ、オーストラリア、フランス、ベルギー、アイルランド、スイス、アルゼンチン、ブラジルへと進出する。ちなみに日本では1960年代に「J&Jファーイースト・インコーポレイテッド」を東京に設立している（図表2－4）。

3 M&A戦略

(1) 企業の成長方式

企業の成長方式には、内部資源を活用して段階的に徐々に成長していく内的成長（Internal Growth）と、外部資源を取り入れて一気に成長発展を加速させる外的成長（External Growth）がある。前者は伝統的な日本企業の経営スタイルであるのに対し、後者はM&Aによってダイナミックに成長発展を図るアメリカ企業の経営スタイルである。ボストンコンサルティンググループ（Boston Consulting Group）の日本代表を務めたジェームズ・アベグレン（James Abegglen：1935-2015）は、1970年当時から日本企業はM&Aを積極的に行うべきだと主張していた。

そのころ、日本の経営は内的成長こそが基本であり、他企業を買うなどということは「人身売買」にも似た悪いイメージがあった。日本企業が海外企業を買収したのは、1972年、当時の松下電器産業（現パナソニック）によるアメリカ・シカゴにあるクェーザー社のテレビ部門のM&Aが最初である。その後、大きな案件としては、80年代の住友ゴム工業によるイギリスのダンロップ社のM＆A（１９８５年）や、ブリジストンによるアメリカのファイアストンのM＆A（１９８２年）、大日本インキ（現ＤＩＣ）によるアメリカのポリクローム社のM＆Aがある。最近では、日本の製薬業界で初めての大型M＆Aとなった武田薬品工業（以下、武田薬品）によるアイルランドのシャイアーのM＆A（２０１９年）がある。

当初は日本企業にはなじまなかったM＆Aであるが、今や国内外を問わず成長戦略の有力な手段として日本企業に根付いてきている。企業成長において内部資源を活用するだけでは事業領域が限られ、企業競争に負けてしまう。そのため、外部資源も取り込みながら相乗効果を狙うM＆Aが有力な経営戦略の１つになってきた。しかし、もともと段階的に徐々に発展する内的成長を基本にしてきた日本の経営と海外企業では経営文化が違うため、他企業を買収し、相乗効果を発揮するという経営スタイルに失敗するケースも多い。

(2) M＆A戦略

M＆AはJ＆Jの成長戦略の１つになっているが、特にM＆Aが加速したのはJ＆J小史（図表２－４）でもわかるように１９８０年代後半から２０００年にかけてのラルフ・ラーセンCEOの時期である。ラーセンは成長には３つの方法があると語っていた。１つは社内での「イノベーション」であり、２つ目はM＆A、３つ目はアライアンス（Alliance：提携）である。ただ、M＆Aの場合でも被買収企業を丸ごと一括買収の場合もあれば、資本参加という形で出資を部分的に行う場合がある。アライアンス（提携）にも販売、技術、生産提携のように出資を伴わない「ゆるやかな提携」と、出資を伴う「固い提携」がある。同社はこれらの方法を事業の目的、自社資源の状況、将来の成長性を見ながら使い分けている。

Ｊ＆Ｊは毎年多くのＭ＆Ａ案件が持ち込まれている。これは、将来的にはファミリーカンパニーの１つになるので、コーポレートレベルで検討される戦略課題である。具体的にはエグゼクティブ・コミッティー（Executive Committee）のメンバーであるコーポレートディベロップメント担当の役員である。

「私の役割は新たなアライアンスやすでにライセンシングしている企業との取引量を増やすことですが、その中にはＭ＆Ａもあります。１９８６年には１２０のトランザクションがありましたが、このところ毎年増えています。話は証券会社、ベンチャーキャピタル、そしてＪ＆Ｊグループの企業から持ち込まれます」

Ｍ＆Ａに対する氏の考えは次のとおりである。

「Ｍ＆Ａをする企業の第一の要件は、ヘルスケア・ビジネス関連の企業であることです。第二はそのハイテクノロジーを活用し、Ｊ＆Ｊが事業化することでビジネスそのものがビッグチェンジする可能性があることです。せっかく素晴らしい技術を持っているのに宣伝力、マーケティング力、市場開発力がないために成長できないまま、売上規模の小さな企業も多い。そうした企業を資金力、宣伝力、マーケティング力、市場開発力があるＪ＆Ｊが買収して、その技術の事業化に本腰を入れれば、企業の成長力が一変しＪ＆Ｊの成長力に貢献するようになる」（１９８５年にＪ＆Ｊ本社を訪問の際、当時の Executive Member の１人である Robert E. Campbell（Vice President, Finance）が語った言葉（第6章参照)。)

もちろん同社はＭ＆Ａだけでなく個別事業会社の売却も行い、リストラクチャリングも行っている。売却する事業は、Ｊ＆Ｊグループに入ったもののヘルスケア事業にはなじまなくなり、他の企業に経営をゆだねた方が成長する可能性がある事業である。

例えば、１９６１年には人体の組織に溶け込む縫合糸の技術を活かしてソーセージのケーシング（皮）事業に参入した。しかし、世界最高、最強のヘルスケア事業を目指すＪ＆Ｊにはソーセージのケーシング事業はなじまず、他社に経営をゆだねた方が高い成長を望めるとしてこの事業を売却した。

また、Ｊ＆Ｊといえばケガをしたときに使う「バンドエイド」が有名であるが、それには水につけてもはがれない強力な粘着技術が使われている。そこで、その技術を応用して産業用粘着テープの分野に参入したが、結果的に失敗して売却した。バンドエイドは個人で使う医家用であるのに対し、粘着テープは主に産業用である。技術はあっても、顧客が違うのである。やはり、買収や新事業による多角化はマーケット面からも相乗効果が期待できなければ、長期的には失敗する可能性が高いといえよう。

図表2-5　1980年以降の主な企業買収

1961年	ヤンセンファーマ社（ベルギー）
1981年	フロンティア・コンタクトレンズ社： 使い捨てコンタクトレンズ
1986年	ライフスキャン社：糖尿病患者用の簡易型血糖自己測定器
1993年	ロック社：肌の化粧品
1996年	コーディス社：循環器分野の医療機器
1998年	デピュー社：人工関節分野の医療機器
2001年	アルザ社：ドラッグデリバリーシステム
2006年	ファイザー社の大衆薬部門：洗口剤、禁煙補助剤
2012年	整形外科用機器メーカーのシンセス社を197億ドルで買収 (J＆Jの創立以来最大規模)
2017年	製薬会社アクテリオン社（スイス）を300億ドルで買収

出所：J＆J本社提供資料をもとに筆者作成。

図表2－5は、1980年以降のJ＆Jの主なる買収企業である。

(3) 医薬事業の取り込み──ヤンセンファーマの買収

医薬事業であるヤンセンファーマのJ＆Jへの取り込みは、経営の長期戦略とは何かを教えてくれる。もし、J＆Jがヤンセンを取り込まなければ今日のような成長はないし、1兆円を超す研究開発投資による新製品開発もできない。企業の長期的展望を見据えた他社資源の取り込み、外的成長としての企業買収は今後さらに激しくなってくるだろう。

J＆Jは戦争による負傷者の傷を治す手術着、ガーゼ、絆創膏などのメディカル分野から始まり、その後バンドエイド、ベビーローションなどのコンシューマー分野へ入っていく。筆者が１９８５年当時ニューブランズウィックの本社を訪問した当時の事業構成は、コンシューマーが全体の43％、メディカルが34％、医薬が19％、そして当時あった産業用が４％であった。ところが、２０１９年では医薬が52・０％、メディカルが31・１％、コンシューマーが16・９％と、医薬事業が一番大きく、コンシューマーが少ない事業構成比率である。

企業は経営環境の変化に対応して自らの事業領域を変革していかなければならない。これを自社資源の活用だけに拘っていたら、新しい事業領域の拡大は不可能であるし、相乗効果も期待できない。

世界では、人口拡大によるさまざまな疾病の発生、他方においては高齢化社会という現実があり医薬事業への期待はますます高まっている。Ｊ＆Ｊの場合、創業はヘルスケア事業であったが、大きくは医薬事業もその領域に入る。つまりドメイン（Domain：領域）は人間の健康である。このドメインの中にうまく取り入れたのが、ヤンセンファーマのＭ＆Ａである。

ヤンセンファーマは、ポール・ヤンセン博士（Paul Janssen：1926-2003）が１９５３年にベルギーの小さな研究室で始めた会社である。ヤンセンは精神科領域の基礎治療薬で有名な「ハロペリドール」を開発し、薬理学者として有名になった。ヤンセンは研究者、薬理学者、開業医であり、リスクを恐れず絶え間ない革新に挑戦する信念の持ち主であった。博士は「進歩は研究の中から生まれる（Progress through Research）」という開発ポリシーの下、10万以上の新規化合物を合成し、その

図表2-6　ヤンセンファーマの現況

設立	1953年、医薬開発の巨人といわれ新薬の開発を次々と行ったベルギー生まれのPaul Janssen（1926−2003）によって設立。Janssenは「研究開発に専念したい」との理由から1961年にJ&Jのファミリー企業の医薬事業部門に入る。
本社	アメリカ
事業	現在6つの疾患領域で活動（代謝・循環器疾患、免疫疾患、感染症・ワクチン、肺高血圧症、精神・神経疾患、がん）
研究従事者	150カ国で科学者1万1,300人
新薬の開発	2011年以降で18の新薬、9つの画期的治療薬に指定される、100以上の新薬候補を開発中

出所：J&J本社提供資料をもとに筆者作成。

中から84を超える新薬を世に送り出した。麻薬、精神医薬、消化器をはじめ幅広い分野で新薬を開発し、WHO（世界保健機構）が選定する「エッセンシャルドラッグ（必須医薬品）」に5品目が選ばれるなど、医薬品開発の巨人として卓越した業績を残した。

1961年、ヤンセンファーマがJ&Jのファミリーカンパニーになったことで、同社の医薬事業の一躍を担いながらメディカル部門との相乗効果によって、グローバルな発展を遂げている。

(4) M&Aの成功要因を考える

買収に次ぐ買収でこれほどまでに成長発展を遂げてきたJ&Jであるが、その買収企業の選別ではどのようなスクリーニングを行うのであろうか。

通常、企業買収にはその仲介役として投資銀行が加わる。投資銀行は、アメリカで発展を遂げてきた独自の銀行形態である。これは一般顧客を対象とするコマーシャルバンクと違い、資金調達のための証券業務の引き受けやM&Aを仲介することによって報酬を得る銀行である。顧客である企業の経営戦略を財務面からサポートするため、個別企業の業務に深く入り込んだ戦略的アドバイス機能の役割を果たす。そのため、企業間の業界再編成への助言、提携や買収によるシナジー効果の助言などのいわば企業の内密にかかわる情報入手と深くかかわっている。

このような特殊な投資銀行の形態は日本にはこれまでなかったが、最近ではユニバーサルバンクと称して企業間の提携、買収を仲介する投資銀行の形態が出てきている。みずほコーポレート銀行やSMBC日興証券、大和銀行、野村証券などがその役割を担っている。アメリカではモルガン・スタンレーやシティバンク、ゴールドマン・サックス、今は破綻したリーマン・ブラザーズなどがその役割を担っていた。

ただ、このような投資銀行による買収はJ&Jにとって高密度の情報源ではあるが、これは専門的機関の情報提供である。最も大事なM&Aにかかわる部分は、CEOの人的ネットワークであろう。アメリカを代表する企業、世界最大のヘルスケア企業のCEOとなればグローバルレベルでの人的ネットワークも活かすことができるし、戦略によるM&A案件もCEOの固有のテーマとして持ち込まれるだろう。

本社のM&A案件に関与するのは財務担当である。財務部門は被買収企業の財務分析では直接かかわるが、最終的には経営戦略の重要案件としてエグゼクティブ・コミッティーで検討され、最終的にはＣＥＯの判断で行われる。案件によっては財務部門が先導する場合もあるが、大型案件になるとＣＥＯが自ら動く。さまざまな形で持ち上がってくるＭ＆Ａ物件は将来を見据えた長期戦略の中で決定され、それを担うＣＥＯも10年間ぐらいのスパンの中で経営の舵取りを行う。

企業買収で問題になるのは買収後（After M&A）だといわれている。買収に先立っては綿密な調査が行われても、買収後にさまざまな経営上の問題や企業文化の違いに遭遇して結果的に失敗に終わり、他社へと売却することも多い。Ｊ＆Ｊにあっても、世界中でこれほどの企業買収を手がけてきているので失敗や成長の見込めない案件もある。

それでは、買収後のマネジメントはどのように行われているのであろうか。

これは世界中で行われているから、成功要因を単一的に集約化することは難しい。ただ、Ｊ＆Ｊのマネジメント手法として貫き通していることは、分権主義、現場主義に根ざした経営体制であることだ。多種多様な事業、世界中で展開する事業を本社で一括管理することは不可能に近い。託すのはそれぞれの事業、そして顧客に密着した現場のマネジメントである。アメリカの多国籍企業でヘルスケア事業を手がけるＪ＆Ｊは、その特徴を「ファミリー企業のネットワーク経営」であるという。同社は企業買収も積極的に行い成長してきているが、それらの事業を束ねる強烈な企業ミッションが「我が信条」である。

4 経営体制の特徴―集権と分権の仕組み

Ｊ＆Ｊは今、世界60カ国に２５０社以上のファミリーカンパニーがある。世界にまたがる２５０社は、ファミリーの一員であるかぎりファミリー全体としての効率を上げなければならない。つまり経営組織でいう分権と集権の関係である。経営規模が大きくなるにつれて、権限委譲である分権の一方でそれを全体として統合する集権機能が問われる。経営は規模の拡大、その時々の経営状況に合わせて組織をダイナミックに編成していかなければならない。Ｊ＆Ｊはどのような組織体制をとっているのだろうか。

同社は創業のころから分権経営であるディセントラリゼーション（Decentralization）を行ってきたが、分権経営が本格的に行われてくるのはジェネラル・ジョンソンが「我が信条」を全社員に徹底し始めてからだといわれている。つまり集権としての「我が信条」をコアバリューとして共有し、他方では分権を各事業単位に任せる方法である。

分権の考え方について、ジェネラル・ジョンソンにはこんなエピソードがある。それは、救急絆創膏製造の新方式が開発されたときのことである。ある問題が製造工程初期段階で発生したため、急いで原因を究明することになった。そこでジェネラル・ジョンソンが社員に声をかけたところが、責任者と称する社員が17名も名乗り出たという。このことからジェネラル・ジョンソンは、問題の原因は製造工程ではなく、責任の所在が不明確であることではないかと考えた。[1]

以来、J&Jの経営は子会社、関連会社の各事業単位の責任者に任せた完全な分権主義が貫かれている。また、子会社、関係会社の中にもいくつも事業単位があるので、その数は同社のファミリーカンパニーよりも多い。分権化のメリットは、それぞれの専門分野、地域市場に特化しきめ細やかで素早い意思決定ができることである。J&Jはよく「中小企業の集合体」ともいわれ、ファミリーカンパニーの中には大小さまざまな事業単位が混在している。事業単位が何千億円の会社もあれば何十億円単位の会社もある。分権経営の下で各事業単位の社長に経営を任せることで、自分自身の会社を経営しているようになり、オーナー経営者のような意識で業績を上げようと頑張る、その活力こそがJ&Jの分権経営の考え方である。

J&Jの事業を構成する3つの領域であるコンシューマー、医療機器、医薬の主なる事業領域では、次のようなファミリーカンパニーがある（図表2－7）。

5 ニューブランズウィック本社

(1) 本社を捉える3つの視点

以上のように多種多様な事業をグローバルに展開するJ&Jの中心軸となる本社はどこにあり、

1 Lawrence G. Foster, A Company That Cares: One Hundred Years Illustrated, History of Johnson & Johnson, 1986.

図表2-7　主要なファミリー企業の会社名（2019年時点）

●コンシューマー部門のファミリーカンパニー

Baby Care
Skin & Hair Care
　Dabao Cosmetics Co.
　Johnson & Johnson Consumer France SAS
　　Groupe Vendome SA
Wound Care and Topicals
Oral Health Care
Women's Health
Over－The－Counter Medicines
　Pfizer Consumer Healthcare (Acq 2006)
Wellness & Prevention
　LGE Performance Systems, Inc.
　HealthMedia, Inc.
Nutritionals
Vogue International LLC
TriStrata Inc.
　NeoStrata Company, Inc.
Zarbee's, Inc.

●メディカルデバイス部門のファミリーカンパニー

Animas Corporation
Biosense Webster
　Coherex Medical, Inc.
DePuy Synthes
　Codman &Shurteff, Inc.
　　Micrus Endovascular
　　Pulsar Vascular Inc.
　　Neuravi
DePuy Mitek, Inc.
DePuy Orthopaedics, Inc.
　Biomedical Enterprises, Inc.
DePuy Spine, Inc.
　Interventional Spine, Inc.
DePuy Synthes Products, Inc.
　Sentio, LLC
Olive Medical Corporation
Advanced Sterilization Products (Divested 2018)
　Apsis SAS
　　Gloster Europe
　　Orthotaxy
Johnson & Johnson Medical GmbH
　Surgical Process Institute
　Emerging Implant Technologies GmbH
Ethicon, Inc.
　Maple Merger Sub, Inc.
　　Mentor
　Binder Merger Sub, Inc.
　　Omrix Biopharmaceuticals, Inc.

Acclarent
NeuWave Medical, Inc.
Torax Medical
Johnson &Johnson (China) Investment Ltd.
Guangzhou Bioseal Biotechnology Co.,Ltd.
Ethicon Endo-Surgery
SurgRx, Inc.
SterilMed, Inc.
Megadyne Medical Products, Inc.
Auris Health Inc
Janssen Diagnostics BVBA
Johnson & Johnson Vision Care, Inc.
Vistakon
Abbott Medical Optics
TearScience
Sightbox

●医薬部門のファミリーカンパニー

Janssen Pharmaceutica
Cilag
JB Chemicals & Pharmaceuticals Limited (OTC Division)
Covagen
Janssen－Cilag
CorImmun GmbH
Aragon Pharmaceuticals, Inc.
Alios BioPharma, Inc.
Novira Therapeutics, Inc.
Actelion
Janssen R&D LLC
Janssen Healthcare Innovation
Janssen Biotech, Inc.
Ortho Biotech Inc.
Ortho－Clinical Diagnostics, Inc.
Johnson &Johnson Nordic AB
Amic AB
Kite Merger Sub, Inc.
Cougar Biotechnology, Inc.
RespiVert
BeneVir Biopharm, Inc.
Janssen Therapeutics
Janssen Diagnostics
Janssen Scientific Affairs
JJC Acquisition Company B.V.
Crucell
Ortho－McNeil－Janssen Pharmaceutical Services, Inc.
Janssen－Ortho
Ortho－McNeil
McNeil Consumer Healthcare

出所：J&J本社提供資料。

図表2-8　J&Jの主なるブランド

出所：J&J「2019 Health for Humanity Report」。

どのような役割を担っているのだろうか。

本社は今からおよそ130年前に創業の地となったニューブランズウィックにある。ここはまさに総本社であるグローバルヘッドクォーター（Global Headquarters）である。この本社に勤務する社員は約2000人ほどである。しかし、ホールディングカンパニーに近いコーポレートレベルの本社機構に従事する人は数百名ほどであり極めて少ない。それでは、ニューブランズウィックの本社はどのような役割を担っているのだろうか。筆者は本社とは何かについて、次のように3つの視点から捉えている。

1つ目は、物理的視点から捉える本社である。つまり、本社をどこに置くかというサイティング（Siting）の問題である。本社はその発展のルーツである創業の地に置く場合もあれば、事業の拡大発展に伴って経営を行う上でアクセスが便利な都市部に移すところもある。日本でも、代表的なグローバル企業の本社が創業の地にあることが多くある。例えば、トヨタやパナソニックはそれぞれの創業の地が豊田市と門真市であり、今でもそこに本社がある。ただ、全体としては日本の一部上場企業の半数以上は東京圏、他は大阪圏、名古屋圏にあるところが多い。これは東京圏で創業した企業もあれば、東京に本社を移した企業もある。アメリカやヨーロッパでは、多くのグローバル企業が創業の地に本社を置いているが、金融やサービス産業、ソフトウエア産業となると大都市で創業し、本社もそこにある企業が多い。

2つ目は、機能の面から捉える本社である。事業の拡大に伴って、それらに共通する業務はどこかで集中して行った方が効率的であることの理由である。例えば、財務や情報システムの構築、広報や広告宣伝、人材の育成、長期的な経営計画や技術戦略の策定は、本社が事業活動全体を総合的に見ることである。個々の事業部門や関連会社、子会社を含むグループ全体にかかわる方が効率的な機能は本社が担うのである。

3つ目は、戦略的機能を担うところとして捉える本社である。グローバル企業となったＨＯＹＡの中興の祖である鈴木哲夫社長（当時）に本社の役割について筆者が尋ねた際、鈴木氏は「本社はトップマネジメント、ＣＥＯのオフィスである」と明言した。つまり、本社はトップマネジメントが経営戦略を策定する際のサポート機能を担っている。本社はそれに関連する機能であり最小の単位でよい、本社の任務は少数精鋭で戦略策定の中身（クオリティ）こそが求められているのである。[2]

つまり、本社はＣＥＯのオフィスであり、それをサポートするいくつかの機能があればよい。その意味では本社機能はスリムであるべきだが、それは弱いということではなく、むしろ最小限の人員でありながら事業全体を見据えた強力な求心力が課せられている。つまり、次なる成長の源となる事業の方向性を見据え、そのための経営資源の重点的配分をどう行うのかという経営戦略の策定機能である。

このような視点から近年、日本企業が本社のあるべき方向として目指しているのがホールディングカンパニー（Holding Company）、つまり持株会社である。持株会社制は戦前には日本にあったも

2 高橋浩夫『グローバル企業のトップマネジメント』白桃書房、2005年。

のの、戦後の財閥解体の下で禁止されていた。ところが近年の国際競争が激しくなる中、それに対応するグループ全体を束ねた強い本社の在り方として、１９９０年に持株会社が解禁された。Ｊ＆Ｊも、ニューブランズウィックの本社はファミリーカンパニーを束ね経営資源の最終意思決定を担う持株会社機能である。それでは、Ｊ＆Ｊの場合、本社はどのような機能を担っているのであろうか。

(2) 本社機構

本社はニューブランズウィックにあるが、今は１９８０年代当時あったジョンソンホールはなくなり、近代的な新しい建物に生まれ変わっている。ここは、Ｊ＆Ｊが地域社会への貢献として手がけたニューブランズウィックの街の再生として建て替えられたものである（図表２－９）。

今、ここ本社で業務に従事しているのは、全社員13万２０００人に対し数百人ほどである。基本的に執行役会（Executive Committee）を構成するコーポレートレベルの機構で示される役員層で構成されている。ここには事業部門である医薬、メディカル、コンシューマーの最高責任者、それと全社的立場からの戦略を決定する財務、ヒューマンリソース、グローバルサプライチェーン、法務関連、科学技術、コーポレートコミュニケーションである（図表２－10）。

- 人的資源：本社の人的資源は、「我が信条」を実行に移すための戦略の実施、そして従業員を世界第一級の待遇にするためのプロセスやプログラムを開発、支援する。また、全社的視点か

図表2-9　J&Jの本社ビル

出所：J&J本社提供資料。

らの人的資源のプランの開発、従業員の報酬、教育訓練を立案する。

●財務：本社の財務は、世界的ベースの財務政策の策定、そして個々の事業単位を理解した上でそれを実施するための支援を行う。本部はまた、複雑な財務活動、税務や会計に対して本社基準で対応することを目的に現場担当社への支援も行う。

●科学技術：本社の科学技術は、会社が関係する現在や将来のビジネス領域に応用できる外部の科学的、技術的機会を明らかにするための業務を行う。この部門は、より多くの革新、成長をさせるための科学技術分野をカバーしている。

●その他の本社業務には、政府との問題、コーポレートコミュニケーション、品質管理、法務関連の業務がある。

図表2-10　J&Jの本社機構図（2020年時点）

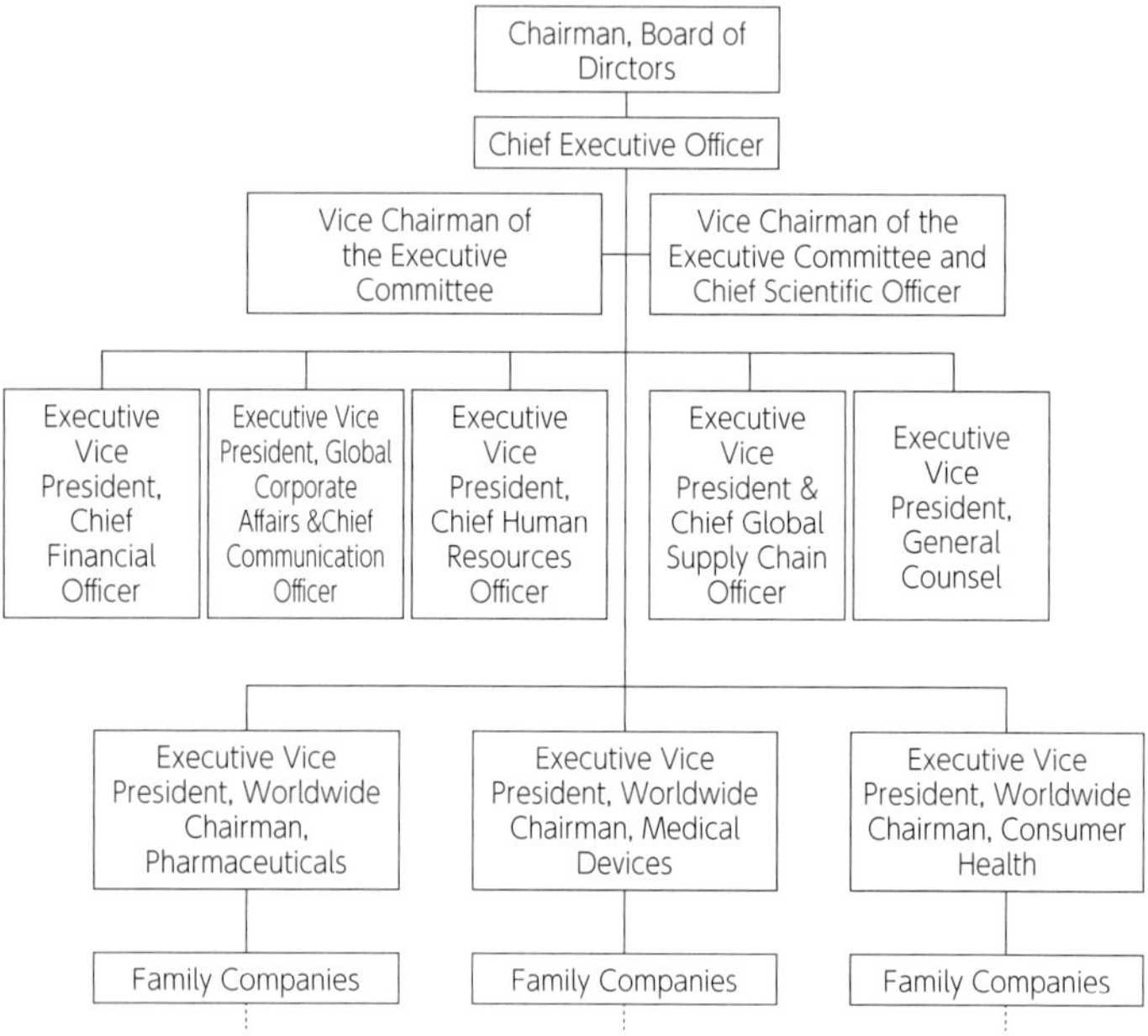

出所：J&J本社提供資料をもとに筆者作成。

　J＆Jの経営は、基本的には分権主義による世界各国にまたがるファミリーカンパニーで構成されている。そのファミリーカンパニーは、売上規模何千億円という大規模のものもあれば、何百億、何億規模の中堅、中小規模の会社もある。

　これらのファミリーカンパニーは地域もしくは取り扱い製品によっていくつかのグループに分かれている。J＆Jのファミリーカンパニーの社員は各自の事業部や部署のリーダーに報告し、リーダーはさらに地域のセクターやグローバルの各部署に報告する体制をとっている。このような分権主義によるファミリーカンパニーの考え方は、３代目となるジェネラル・ジョンソンが社長になってから打ち出された考え方である。その目的は、グループとして大企業でありながら、中小企業の持つ敏速性、機動性、コミュニケーションの良さ、従業員の企業家精神を保つところにある。独立した会社を持つことにより、企業家精神を持った人材が事業に挑戦する機会を提供することができ、市場の動きにもきめ細かく対応できるからである。分権化政策によるグローバルな経営展開はローカリゼーションの推進であり、他方においてそれを集権化するものとして本社機能がある。

Ｊ＆Ｊの日本の近年の会社案内には次のような文章がある。「Ｊ＆Ｊには１つの製品が単独でも十分やっていけるだけ成長した場合、この部門を別会社として独立させる経営方針があります。しかし、進出する分野は健康医療（Health Care）に限られており、通常のコングロマリットと呼ばれる企業体とは根本的に相違点があります」同社の分権化による多角化といっても、事業ドメインはヘルスケアの事業領域を追求することにある。

6 コーポレートガバナンス体制

コーポレートガバナンスは近年の日本企業の経営課題であり、その改革を巡ってさまざまな議論がある。この議論のきっかけとなったのは、１９９０年初頭のバブル経済の崩壊によって、業績が悪化し倒産企業が相次いだことである。この責任を誰がとるのか、会社は誰のものか、誰のための会社なのかという企業の本質的課題が問われた。

日本的な考え方からすると、会社はそこで働く社員によって成り立っているのだから「会社は社員のもの」と考える。一方、アメリカでは会社は株主からの出資によって成り立っているのだから「会社は株主のもの」と考える。経営者はその会社の経営を託された株主の代理人と考える。したがって、代理人である経営者が良い経営ができなければ株主からの圧力がかかり、場合によっては、経営者は経営責任をとってその地位から降ろされることもある。

アメリカ流に考えれば、会社はあくまでも経済合理性を追求する利益共同体（ドイツ語のGesellshaft）と考える。これを機能させるための最高意思決定機関が取締役会であり、それを構成する形の監査役や監査役会、社外取締制度が設けられている。これに対して、日本の経営者の多くは社員から登用された人が多く、その社員の代表者としてのCEOを支え合う経営体制である。これまでの日本の経営は株主からの圧力が少なく、業績が悪化しても経営者の責任が厳しく問われることは多くなかった。ところが、90年代以降のバブル崩壊によって業績は落ち込み、その責任を巡って最高意思決定機構である取締役会の改革に乗り出した。その改革が今日の取締役会と執行役会との分離、社外取締役の導入、監査役会の設置、アドバイザリーボードや女性役員の登用などにつながっている。

さてそれでは、グローバル企業であるJ&Jのコーポレートガバナンスはどうなっているのだろうか。2018年時点、同社の最高意思決定機関である Board of Directors は11名で構成されている。会長であるＣＥＯのアレックス・ゴースキー氏以外はすべて社外取締役である。社外取締役の中で企業関係者は６名、大学医学関係者は４名、その中で女性は３名である。

執行役員会である Senior Management は14名である。そのメンバーは科学、人的資源、会計、メディカルデバイス事業、コンシューマー事業、会計、コミュニケーション、法務、医薬事業、サプライチェーン、財務である。この中で主要な意思決定の場となるのが、エグゼクティブ・コミッティー（経営委員会）である。

●Board of Directors（2018年時点）

・Ｊ＆Ｊ
ＣＥＯ（Chairman）
・社外取締役
大学教授４名
イギリス大手自動車会社会長
メディカルドクター
アメリカ大手精密機器会社ＣＥＯ
アメリカ連邦郵便会社会長
アメリカ大手銀行会長

アメリカ大手会社前CEO

●Senior Management（執行役員）（2018年時点）

CEO（Chairman）＊
財務担当副社長＊
医薬事業担当会長
グローバル人的資源担当副社長＊
経理業務担当オフィサー
コンシューマー事業担当会長
グループ世界担当会長＊
メディカルデバイス担当会長
トレジャラー
コーポレートアフェアーズ担当副社長
コーポレートセクレタリー担当
科学技術担当オフィサー＊
法務担当副社長＊
サプライチェーン担当副社長

＊エグゼクティブ・コミッティー　メンバー

エグゼクティブ・コミッティーは11名であり、年齢的にはほとんどが50歳代である。また、取締役会の小委員会（Sub Committee）は監査委員会、報酬委員会、財務委員会、指名・コーポレトガバナンス委員会、コンプライアンス委員会、科学技術・サステナビリティ委員会がある。

7 ヘルスケア産業としてのJ&Jの経営規模

図表2－11は２０１９年の「世界の企業の時価総額ランキング」である。10位以内にマイクロソフト、アップル、アマゾン、グーグル、バークシャー・ハサウェイ、フェイスブックなどのＩＴ企業企業が占める中で、Ｊ＆Ｊは９位にランクインしている。１９９０年代初めには日本の製造業もランクインしていたが、30年経った今日では、非製造業であるＩＴ産業が上位を占める形で産業の主役が代わっている。そして、この産業を牽引する企業の多くはアメリカである。一時は日本企業によってアメリカ製造業の競争力は停滞したとささやかれたものの、それをしのぐ新しい産業の創出によって今世紀の産業の主役に踊り出た。日本の製造業の代表であるトヨタですら、世界の時価総額ランキングでは42位である（図表2－11）。

さて、Ｊ＆Ｊは、世界の製薬業においてはどれくらいの規模だろうか。「時価総額ランキング」

図表2-11　世界の企業の時価総額ランキング（2019年）

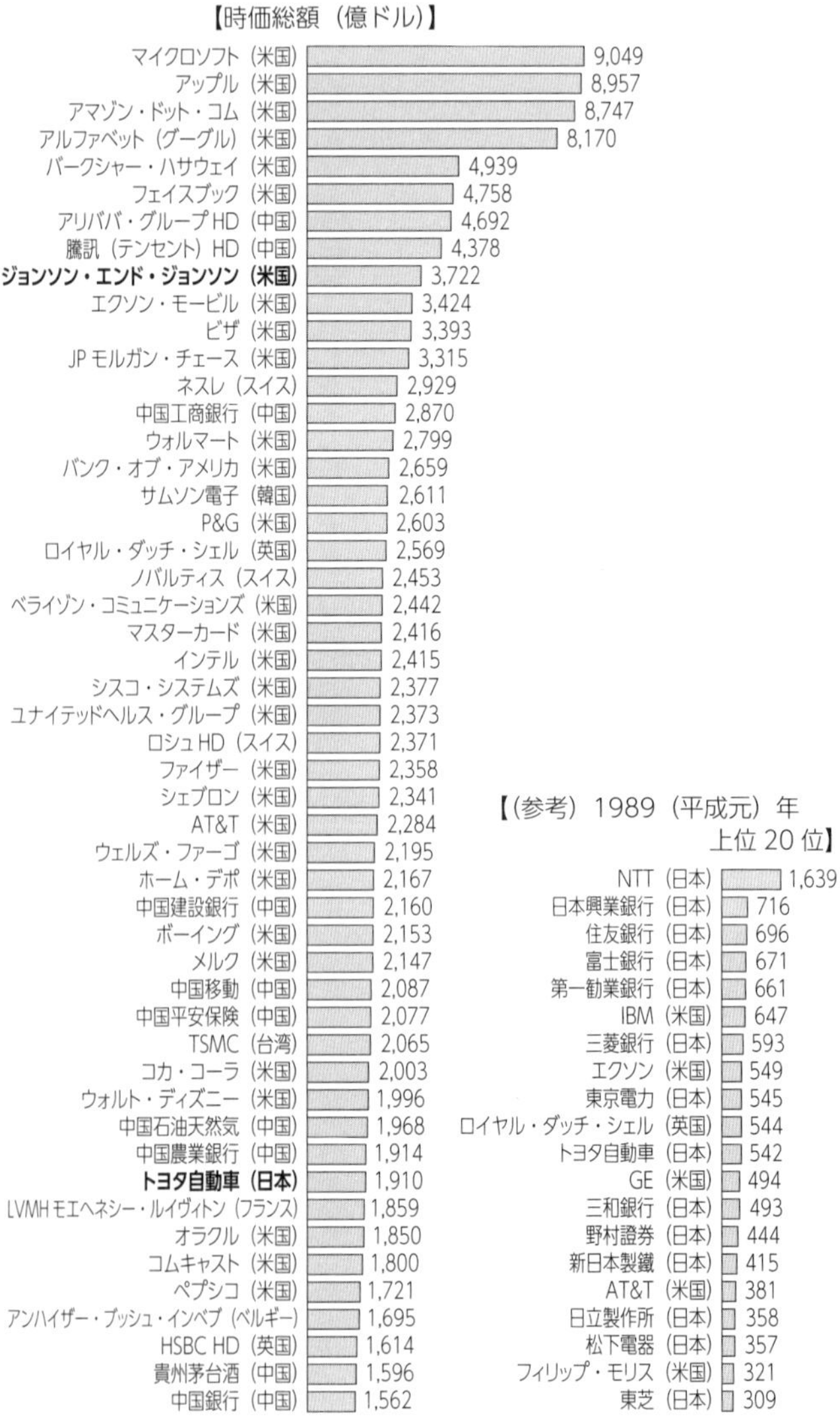
【時価総額（億ドル）】
マイクロソフト（米国） 9,049
アップル（米国） 8,957
アマゾン・ドット・コム（米国） 8,747
アルファベット（グーグル）（米国） 8,170
バークシャー・ハサウェイ（米国） 4,939
フェイスブック（米国） 4,758
アリババ・グループHD（中国） 4,692
騰訊（テンセント）HD（中国） 4,378
ジョンソン・エンド・ジョンソン（米国） 3,722
エクソン・モービル（米国） 3,424
ビザ（米国） 3,393
JPモルガン・チェース（米国） 3,315
ネスレ（スイス） 2,929
中国工商銀行（中国） 2,870
ウォルマート（米国） 2,799
バンク・オブ・アメリカ（米国） 2,659
サムソン電子（韓国） 2,611
P&G（米国） 2,603
ロイヤル・ダッチ・シェル（英国） 2,569
ノバルティス（スイス） 2,453
ベライゾン・コミュニケーションズ（米国） 2,442
マスターカード（米国） 2,416
インテル（米国） 2,415
シスコ・システムズ（米国） 2,377
ユナイテッドヘルス・グループ（米国） 2,373
ロシュHD（スイス） 2,371
ファイザー（米国） 2,358
シェブロン（米国） 2,341
AT&T（米国） 2,284
ウェルズ・ファーゴ（米国） 2,195
ホーム・デポ（米国） 2,167
中国建設銀行（中国） 2,160
ボーイング（米国） 2,153
メルク（米国） 2,147
中国移動（中国） 2,087
中国平安保険（中国） 2,077
TSMC（台湾） 2,065
コカ・コーラ（米国） 2,003
ウォルト・ディズニー（米国） 1,996
中国石油天然気（中国） 1,968
中国農業銀行（中国） 1,914
トヨタ自動車（日本） 1,910
LVMHモエヘネシー・ルイヴィトン（フランス） 1,859
オラクル（米国） 1,850
コムキャスト（米国） 1,800
ペプシコ（米国） 1,721
アンハイザー・ブッシュ・インベブ（ベルギー） 1,695
HSBC HD（英国） 1,614
貴州茅台酒（中国） 1,596
中国銀行（中国） 1,562
【（参考）1989（平成元）年
上位20位】
NTT（日本） 1,639
日本興業銀行（日本） 716
住友銀行（日本） 696
富士銀行（日本） 671
第一勧業銀行（日本） 661
IBM（米国） 647
三菱銀行（日本） 593
エクソン（米国） 549
東京電力（日本） 545
ロイヤル・ダッチ・シェル（英国） 544
トヨタ自動車（日本） 542
GE（米国） 494
三和銀行（日本） 493
野村證券（日本） 444
新日本製鐵（日本） 415
AT&T（米国） 381
日立製作所（日本） 358
松下電器（日本） 357
フィリップ・モリス（米国） 321
東芝（日本） 309

注：3月29日時点。HDはホールディング（ス）の略称。
出所：社会実情データ図録ウェブサイト（http://honkawa2.sakura.ne.jp/5410.html）。

図表2-12　世界の製薬産業の売上ランキング（2019年）

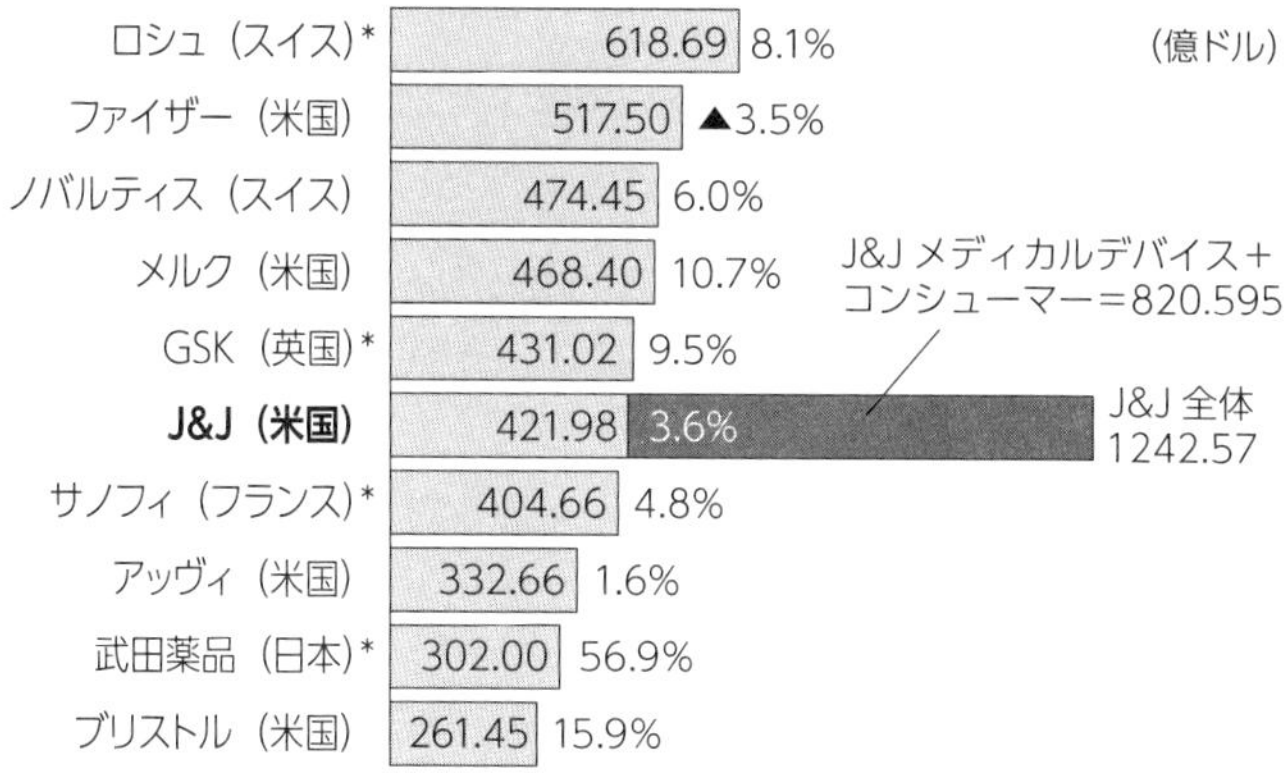

注：各社の業績発表をもとに作成。J&Jは医療用医薬品事業。*は公表通貨から米ドル換算（レートは2019年平均）。
出所：Answersウェブサイト
（https://answers.ten－navi.com/pharmanews/18365/）。

では他の製薬業は9位以内には入っていないため、J&Jがトップであるともいえるが、トータルの企業規模で見るのと、そのうちの製薬という事業領域だけで見るのでは異なる。同社における製薬の売上は全体の半分ほどで、後の半分は消費材や医療向けのヘルスケア製品である。

製薬という事業領域だけで見た場合、2019年のランキングでは、1位ロシュ（スイス）、2位ファイザー（アメリカ）、3位ノバルティス（スイス）、4位メルク（アメリカ）、5位グラクソ・スミスクライン（イギリス）、そして6位にJ&Jが入る。日本企業では、武田薬品が9位に入っているが、10位以内にランクインされたのは今回が初めてである（図表2－12）。これは2019年1月に行われたアイルランドのシャイアー買収という、日本の製薬産業ではかつてない挑戦によるものである。日本の製薬産業は世界と比べると規模は小さく、さまざまな薬をつくってはいるものの国際競争力に乏しいといわれてきた。この競争力を強化するために、フランス人社長を迎え海外企業の買収に挑戦したのが武田薬品である。武田薬品をはじめ、日本の製薬産業の国際的競争力がこれから注目される。

第3章

「我が信条」の具体的実践

図表3-1　ニューブランズウィック本社の"Our Credo"のモニュメント

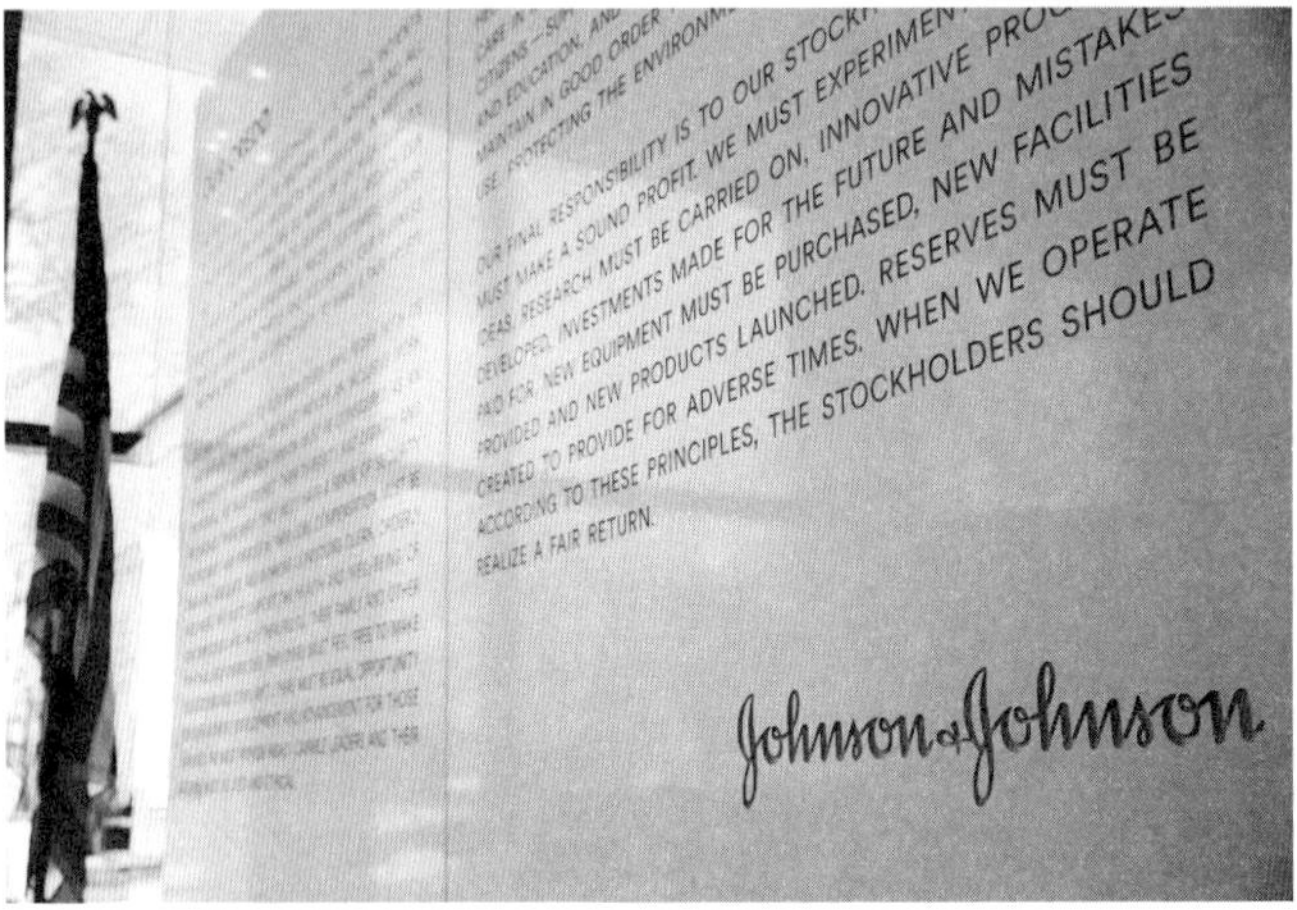

出所：J&J本社アメリカ提供資料。

Ｊ＆Ｊのニューブランズウィックの本社ビルの正面ロビーには、重さ約14トンの石に刻まれた"Our Credo"が高らかに掲げられている（図表3－1）。わが国でも経営理念や経営信条は社長室などには掲げられているが、モニュメントの形でこれほどしっかりと掲げられている社訓は見たことない。日本Ｊ＆Ｊの本社1階には、「我が信条」が英語と日本語で掲げられている。最初にニューブランズウィックの本社を訪問した際に案内されたバンドエイドの工場、そして賓客を迎えるゲストハウス、また日本の須賀川工場でも、最初に目にするのは「我が信条」である。社内でも、各事業拠点での社長の部屋、応接室、マネジャークラスの部屋には必ず"Our Credo"が掲げてある。これほどまでにして意識の徹底を図り、同社の誇りとして内外にアピールしている。このような全社員が共有する信条は、それが1つの企業文化として全社員に共有されているのである。

J＆Jでは「我が信条」の徹底のために、さまざまな仕組みや方法が考えられている。

1つ目は「我が信条」を「見える化」して日常的に社員に語りかけることである。そして、この「我が信条」を最高経営責任者であるCEOが自ら実践することである。ラルフ・ラーセンがCEOのとき（1989－2002年）に始めた“Credo Challenge Meeting”がその1つだ。

これは3年か4年に一度、全世界の社長がニューブランズウィックの本社に集まり、4日間にわたって「我が信条」だけに絞って徹底的に議論することである。大講堂でのディスカッションに始まり、その後小グループに分かれクレドーの意義を再認識するのである。つまりJ＆JのCEOが、ファミリーカンパニーの各CEOとの間でコミットメントを交わし、「我が信条」を共有する仕組みである。

2つ目に注目すべきことは、「我が信条」の文章には、「Must（～しなければならない）」という表現が使われていることである。「我が信条」に似た企業行動基準は「してはならない」といった否定的な言葉で表されることが多いが、同社の場合は、会社として「必ずなすべきこと」として語られ、それができなければマイナス評点になるという考え方である。この「～しなければならない」という表現は、社員が前に向かってチャレンジする行動様式につながっている。単なる企業理念や経営目標の制定よりも、積極的でダイナミックなイメージを社員に与えている。これが、トップ、ミドル、ロワーのマネジメントレベル、そして事業現場、全世界の事業拠点まで「見える化」されていれば、社員に共有され、「しなければならない」行動としてなされるようになる。

「我が信条」は4つの責任に分かれているが、それぞれの責任から「～しなければならない」ことだけを取り出すと20にもなる。その20の「Must」についてJ＆Jがどのような具体的行動をとったのか、いくつかの事例を紹介したい。

1 顧客への責任と実践―何が第一の危機管理対応か

> 我々の第一の責任は、我々の製品およびサービスを使用してくれる患者、医師、看護師、そして母親、父親をはじめとする、すべての顧客に対するものであると確信する。

第1のMust：「顧客一人ひとりのニーズに応えるにあたり、我々の行うすべての活動は質的に高い水準のものでなければならない。」
第2のMust：「我々は価値を提供し、製品原価を引き下げ、適正な価格を維持するよう常に努力をしなければならない。」
第3のMust：「顧客からの注文には、迅速、かつ正確に応えなければならない。」
第4のMust：「我々のビジネスパートナーには、適正な利益をあげる機会を提供しなければならない。」

会社は顧客あっての存在なので、どの会社も顧客が一番大事である。Ｊ＆Ｊは特にヘルスケア、医薬という人間の生命に直接的にかかわる製品を扱っているので、製品の信頼性は最大の経営責任と考えなければならない。しかし、全世界にあるファミリーカンパニーの事業拠点で何が起こるかわからない。こうした危機管理の際、会社は顧客に対してどのように対応すべきなのか、何に照らし合わせて考えればよいか、最高トップはどのような行動を行うかを問われる。

この危機管理対応の例として取り上げられているのが、Ｊ＆Ｊのタイレノール事件である。

１９８２年の9月に、シカゴ市内で鎮痛解熱剤の「タイレノール」を服用した7名が死亡するという惨事が発生した。何者かがカプセルの中身を青酸カリと入れ替えたのである。「タイレノール」はスーパーマーケット、ホテルや空港の売店などでも気軽に購入することができる最もポピュラーな鎮痛解熱剤である。これを製造販売していたのはファミリーカンパニーの１つであるマクニール・コンシューマーヘルスケアであった。

この危機的状況に際し、当時のＣＥＯであるジェームズ・バーク氏は幹部社員7名による対策チームを組織し、迅速な指示を行った。ＦＤＡ（アメリカ食品医薬品局）に対しては製造工程および出荷工程の検査を要請し、原因不明の段階で直ちに製品の即時回収に踏み切った。点検の結果、さらに75個の毒物混入カプセルを発見した。関係会社からも動員した２２５０名のセールス担当者に大口顧客を回らせ、ＦＤＡやＷＨＯの協力も得て新たな犠牲者を防ぐことができた。こうしたＪ＆Ｊの真摯な姿勢と一連の細かい対応もあり、毒物混入の責任が同社にないことが判明すると、同社への批判も同情へと変わっていった。タイレノールの回収だけでも当時のお金で1億ドルという巨費を投じた。

この事件へのJ&Jの迅速な対応によりむしろ消費者からの信頼は高まり、そのコストを十分に補う結果となった。これは「我が信条」に照らし合わせてJ&Jがとった危機管理の対応策として有名な事例である。顧客第一主義はどこの企業も掲げているが、顧客に提供する製品に問題が起きた場合に、具体的にどのようなアクション、そして最高トップはどのような指令を出すかが問われるのである。

2 社員への責任と実践―「クレドーサーベイ」とは

我々の第二の責任は、世界中で共に働く全社員に対するものである。

第5の Must：「社員一人ひとりが個人として尊重され、受け入れられる職場環境を提供しなければならない。」

第6の Must：「社員の多様性と尊厳が尊重され、その価値が認められなければならない。」

第7の Must：「社員は安心して仕事に従事できなければならず、仕事を通して目的意識と達成感を得られなければならない。」

第8の Must：「待遇は公正かつ適切でなければならず、働く環境は清潔で、整理整頓され、かつ安全でなければならない。」
第9の Must：「社員の健康と幸福を支援し、社員が家族に対する責任および個人としての責任を果たすことができるよう、配慮しなければならない。」
第10の Must：「社員の提案、苦情が自由にできる環境でなければならない。」
第11の Must：「能力ある人々には、雇用、能力開発および昇進の機会が平等に与えられなければならない。」
第12の Must：「我々は卓越した能力を持つリーダーを任命しなければならない。」
第13の Must：「そして、その行動は公正、かつ道義にかなったものでなければならない。」

「我が信条」の４つの使命の中でも、第二の社員に対する責任において「Must」の項目が一番多い。Ｊ＆Ｊに従事するという以前に、１人ひとりの個人としての尊厳を認め、働く職場での環境や社員の能力開発、また社員の家族への配慮まで言及している。

「企業は人なり」といわれるが、社員１人ひとりのＪ＆Ｊへのコミットメントが会社の成長の基本だからである。これをベースに、同社は社員への責任を果たす仕組みとしてさまざまな方法を考えているが、その最も代表的なのは「クレドーサーベイ」である。

この調査は、「我が信条」に沿って経営が行われているかについての社員への意識調査である。

図表3-2　クレドーサーベイのカテゴリー

●「我が信条」に基づく行動	●「我が信条」	●倫理的行動
●社員の尊重	●コミュニケーション	●明確なゴール、目標
●管理職	●報酬と褒章	●直属上司
●チームワーク	●下から上への情報伝達	●イノベーションをサポートする社員
●会社の革新性	●会社のイノベーション	●品質へのコミットメント
●顧客志向	●昇進、昇格	●会社への満足度
●仕事量	●仕事に対する満足度	●職場環境

出所：J＆J本社提供資料をもとに筆者作成。

この調査は全世界の13万人近くの従業員を対象に、毎年9月にオンラインでのアンケート方式で実施している。世界各国の言語に翻訳されているから、回答者は言葉で迷うことはない。質問の数は78個で、すべて同じ質問である。また、質問の最後には自由記述欄があり、社員は改善提案や日頃の不平不満などを自由に書くこともできる。誰がどんな評価を下したのか、どんなコメントを書いたのかについては追跡調査ができないように工夫されている。78個の質問は、**図表3－2**のような21のカテゴリーに分類される。

例えば、そのサーベイの項目のいくつかを例示すると、次のとおりである。

＊会社では社員1人ひとりを個人として認めていますか

＊社員の人間性を尊重していますか

＊会社は社員の価値を認識していますか

＊会社は安心して長く勤務できる会社といえますか
＊会社は社員を公正かつ適正に処遇していますか
＊あなたの会社では社員が自由に提案できる雰囲気にありますか
＊社員に自由に苦情や問題を提起できる雰囲気にありますか
＊あなたは１年後にこの会社に勤務していると思いますか

また、回答は５段階評価からなっている。

＊そう思う（５）
＊どちらかといえばそう思う（４）
＊どちらともいえない（３）
＊どちらかといえばそう思わない（２）
＊そう思わない（１）

質問結果は当然スコアとして出てくるが、これはスコアを競うのではなく、社員が今の経営に対してどの程度肯定的なのかを共有しながら組織改善に役立てようとするものである。つまり、各事業体の責任者はこの調査結果に基づき、何をどうすれば組織がより活性化するかを検討し組織改善

図表3-3　1935年からの「我が信条」の取り組み

1935	**大恐慌の中で生まれたメッセージ「Try Reality」** 大恐慌の時代、最高経営責任者ロバート・ウッド・ジョンソン2世は、企業が社会を積極的に支える取り組みが必要と考え、全米のリーダー的ビジネスパーソンに「TryReality」と題するメッセージを送りました。「過去数年間の苦しみの中で、人々は本物の経済的貢献と社会的価値を生み出す企業のみが成功する権利を持つということを知り、それを確信しました。恒常的な成功は、より高尚な経営哲学を遵守していくことによってのみ可能になる」と呼びかけ、賃金・勤務時間・税制の改革を訴えました。
1943	**企業の社会的責任を示す「我が信条（Our Credo）」を起草** ロバート・ウッド・ジョンソン2世は、ジョンソン・エンド・ジョンソンの株式上場に際し、「Try Reality」を原型とする「我が信条（Our Credo）」を起草しました。取締役会で発表したとき、彼は「顧客第一で考え行動し、残りの責任をこの順序どおり果たしてゆけば、株主への責任は自ずと果たせる」と語り、「これに賛同できない人は他社で働いてくれて構わない」と主張。経営者の強い意志のもと、時代に先駆け、多くのステークホルダーに対する社会的責任を意識した企業理念を確立しました。
1975	**第1回クレドー・チャレンジ ミーティング開催** 「我が信条（Our Credo）」は、次世代にも引き継がれました。1975年は、海外での不正支出の問題がいくつか発覚したことにより、米国に本社を置く企業の間でビジネス倫理や商習慣の問題が注目を浴びた時代です。その中で、ジョンソン・エンド・ジョンソンは、「我が信条（Our Credo）」の価値を見直すべく、第1回クレドー・チャレンジ ミーティングを開催。2日間にわたって経営陣による熱い討論が繰り広げられ、より時代に即した内容や表現に見直され、その後も議論が重ねられました。
2018	**「我が信条」起草75周年、経営陣全員が署名** 2018年、マネジメント・ミーティングにおいて改訂された「我が信条（Our Credo）」が発表され、経営陣全員が支持する原則となりました。そして起草75周年を迎えた2018年、米国本社で経営層が「我が信条（Our Credo）」を支持することを改めて誓い、決意を新たに全員が署名を行いました。「我が信条（Our Credo）」は、ジョンソン・エンド・ジョンソンの企業理念として、時代の変化に合わせながら受け継がれ、社員一人ひとりに浸透しています。

出所：J&J「Company Profile」。

活動を実施するのである。

項目を見てもわかるように、各社の社長の評価は非常に厳しいものがある。

また、世界各国の会社は「クレドーチャレンジミーティング」を1年に1回開催している。例えば日本J&Jの場合、主要部門の部長以上が宿泊しながらクレドーについてのミーティングを開く。そこで、それぞれの責任者がJ&Jの原点である「我が信条」に立ち返り、それを実践しているかどうかについての幅広い議論を行い次の経営戦略を考えるのである。

2018年に「我が信条」の起草75周年を迎えて、改めてJ&Jの経営人全員がそれを支持することに署名している。図表3－3は「我が信条」を起草してからのこれまでの取り組みである。

3 地域社会への責任と実践――ニューブランズウィックの再生

我々の第三の責任は、我々が生活し、働いている地域社会、更には全世界の共同社会に対するものである。

第14の Must：「世界中のより多くの場所で、ヘルスケアを身近で充実したものにし、人々がより健康でいられるよう支援しなければならない。」

第15の Must：「我々は良き市民として、有益な社会事業および福祉に貢献し、健康の増進、教育の改善に寄与し、適切な租税を負担しなければならない。」

第16のMust：「我々が使用する施設を常に良好な状態に保ち、環境と資源の保護に努めなければならない。」

Ｊ＆Ｊの本社のあるニューブランズウィックの街は、１９６０年代後半から荒廃していった。ここはニューヨークにも近く一時はニュージャージー州でも最も活気ある街だったが、同社の発展とは裏腹に衰退の兆しが見えてきた。１９６０年代終わりといえばベトナム戦争の最中であり、巨大な戦費をつぎ込む中で、アメリカ経済が全体的に疲弊した時期である。

１９７０年代初め筆者はニューヨークにいたが、マンハッタンの中心地といわれるタイムズスクエアあたりも荒廃し、ハーレムなどは犯罪が頻発する危険地帯といわれていた。当時のアメリカの失業率は9％近くにもなり、若者は職を得るのに大変な時期でもあった。

ニューブランズウィックの人口は、第二次世界大戦前は2万５０００人から3万人であり、昼間は近郊からの就業人口の増加により2倍の6万人になったといわれる。中心都市であったニューブランズウィックが衰退した要因はドーナツ現象である。ドーナツ現象とは、都市の中心部が減少し郊外の人口が増加する人口移動のことである。人口分布図で見ると中心部が空洞化することから、リングドーナツになぞらえて付けられた名前である。過密する都市部での騒音や排気ガス、ごみ問題を避けて多くの人々が郊外の広い土地や住宅を求めて移動する。かつての中心部に残るのは低所得者や高齢者になり、税収も減って環境整備もできないまま荒廃していく。ニューブランズウィックもこのドーナツ現象の中で荒廃していった。このような状況の中、J&Jも将来の人材確保の点を踏まえ、本社の移転を検討し始めていた。

しかし、最終的に行き着いたのは、同社のコアバリューである「我が信条」に第三の責任として明記されていた「地域社会に対する責任」であった。本社移転を巡ってさまざまな議論があったが、結果的には「我が信条」に照らし合わせて、ニューブランズウィックにとどまることにした。そして、J&Jはニューブランズウィックを再生するための計画を立て、新たに活動を始めた。

これは「ニューブランズウィック・トゥモロー計画（New Brunswick Tomorrow Plan）」と命名され、J&Jがその中心的役割を担う形で地域社会の代表者（ラトガース大学、銀行、企業の代表、コンサルタント等）、そして労働者や宗教上のリーダーも街づくりにかかわるユニークな組織として発足した。再生計画の責任者は当時J&Jの最高意思決定機関であるエグゼクティブ・コミッティーメンバーの1人が選ばれた。ニューブランズウィックの再生は、同社の戦略的計画の中に位置づけられる一大プロジェクトとして動き出した。街を立ち直すためにはまず人心から立ち直す必要があるとして、病院なども整備した。まだ小さかったラトガース大学の付属病院も整備し、多くの患者を迎え入れるようにした。

このようなことができたのは企業としての「我が信条」の実践ではあるが、それは企業業績の達成と表裏一体である。

例えば、デトロイトといえばかつては自動車の街であり、GM（General Motors）、Ford、Cryslerというビッグスリーの本拠地である。筆者が1970年代初頭にアメリカにいたときは、「GMが良ければアメリカが良い」ともいわれ、ビッグスリーはアメリカを象徴する企業だった。しかし、世界の自動車産業の競争の中でビッグスリーは業績が落ち込み、2010年には世界最大の自動車産業であったGMも倒産の危機にさらされた。デトロイトの街は自動車産業の衰退とともに荒廃し、かつての賑わいを取り戻すことはできなかった。やはり、産業としての長期発展が見込めなければ、地域貢献もできないであろう。

4 株主への責任と実践──1兆円の研究開発投資と新製品

我々の第四の、そして最後の責任は、会社の株主に対するものである。

第17のMust：「事業は健全な利益を生まなければならない。」
第18のMust：「我々は新しい考えを試みなければならない。」
第19のMust：「研究開発は継続され、革新的な企画は開発され、将来に向けた投資がなされ、失敗は償わなければならない。」
第20のMust：「新しい設備を購入し、新しい施設を整備し、新しい製品を市場に導入しなければならない。」

第21の Must：「逆境の時に備えて蓄積を行わなければならない。」

「我が信条」の４番目に株主への責任があるところに、Ｊ＆Ｊの基本的な経営姿勢が見えてくる。これは顧客、社員、地域社会への責任を果たせば結果的には株主へ還元ができるとするＪ＆Ｊの経営の神髄である。

アメリカの多くの企業は、株主への責任を第一義として１株当たりの利益（per stock profit）を優先し、その舵取りを託されるのが経営者である。毎年発行される年次報告書（アニュアルレポート）で、ＣＥＯのメッセージでは最初に株主への責任について触れている。かつて世界最大の企業だったＧＭのＣＥＯだったアルフレッド・スローン（Alfred Sloan, Jr：1875-1966）は著書の中で、ＧＭが苦境のときに人員の一時解雇（lay off）によって株主還元を行ったことを誇らしげに書いている。これこそがアメリカの経営の株主資本主義の考え方を物語るものだ。

しかし、Ｊ＆Ｊは４つ目に株主への責任を述べている。これは何が一番のプライオリティということでなく、同時並行的にステークホルダーへの責任を負いながら、結果として株主への責任を果たしていることとの確信である。その実績を見ると、１９４４年の株式上場以来70年以上にわたり増収増益を重ね、60年近く連続増配を重ねている。また、第２章の図表２－10で述べたように、世界の企業価値ランキングでは９位である。上位はＩＴ企業だが、ヘルスケアといういわば製造業に属する代表的企業がJ&Jである。

長期にわたって増収増益を重ね、株主へ還元を行うことは会社経営の債務であり、それとともに顧客、社員、地域社会への責任を果たすことも同次元である。このヘルスケア、医薬事業会社としての成長発展の基本は新製品、つまり新薬の開発である。ヘルスケアや薬はわれわれの健康に直接的に関係するだけに、長期にわたる臨床試験によってはじめて1つの薬として承認される。新薬の開発は製薬会社の命である。ヘルスケア製品、新薬の開発こそが企業成長の成否を決める。

株主への責任で、J&Jが一番強調しているのは研究開発である。第19のMust:「研究開発は継続され、革新的な企画は開発され、将来に向けた投資がなされ、失敗は償わなければならない。」の部分である。同社の研究開発費は2019年では約114億ドル、日本円だと約1兆3000億円である。製薬会社の売上に対する研究開発費は他業種と比べると高い割合だが、J&Jは新薬の開発に1兆円を超えており、日本の製薬業界と比べると一桁違う規模の研究開発投資である。また、第21のMust:「逆境の時に備えて蓄積を行わなければならない。」では、どんなときでも研究開発が継続されるよう財務体質を強化しておかなければならないとしている。財務体質を含めて企業の健全性を外部から評価する国際的機関のムーディーズ(Moody's)やスタンダード&プアーズ(Standard & Poor's)では、J&JはいつもトリプルA(AAA)の評価を得ている。

5 ロードマップとしての「業務上の行動規範」

(1)「業務上の行動規範」の制定

「業務上の行動規範」は、１９９６年に制定された。それまでは「我が信条」だけがＪ＆Ｊの経営理念であり社員の共有する行動基準であったが、これをさらに細分化する形で具体的な行動基準をつくった。

１９７０年代から１９８０年代にかけて、アメリカでは防衛問題にかかわるさまざまな不祥事が相次ぎ、１９９１年には連邦政府は「連邦量刑ガイドライン（Federal Sentencing Guideline）」を制定した。また、政府はビジネス倫理にかかわる具体的な行動基準（Code of Conduct）を制定し、その遵守を産業界に要請した。しかし、その後のアメリカで最大のスキャンダルとなったエンロン、ワールドコム事件が引き金になり、量刑ガイドラインよりもさらに厳しくした「サーベンス・オクスレー法（Sarbanes-Oxley Act）」を２００2年に制定した。

Ｊ＆Ｊは業務上の行動規範をすべて「我が信条」１つに集約してきたが、このような連邦政府による具体的な行動規範制定の要請により、１９９６年に「業務上の行動規範（J&J Code of Business Conduct）」を制定した。これは実際の業務での行動指針となるもので、「我が信条」をさらに具体化した全社員の行動マニュアルである。現ＣＥＯのアレックス・ゴースキー氏は、「『我が信条』が当社の羅針盤であるとすれば、『業務上の行動規範』はそのロードマップである」と述べている。

「業務上の行動規範」は次の４つの柱で構成されている。

①事業活動の行い方
②社員の適正な待遇
③財務健全性および当社資産の保護
④利益相反

①事業活動の行い方——その意味、重要である理由、実践方法

- 社員１人ひとりの責務
- 医薬品、医療機器、一般消費者向け製品とサービスの開発、承認、製造、販売およびマーケティング
- 腐敗行為防止法および贈賄防止法
- 反トラスト法および競争法
- 国際貿易での法令遵守：反ボイコット法および貿易制裁法
- 「第三国」への支払い

- 人権の尊重
- 政治活動
- 公的調達
- 公正な購買
- 持続可能性および環境関連法・規制
- 動物保護
- プライバシー

②社員の適正な待遇―その意味、重要である理由、実践方法

- 従業員の積極的な関与
- 差別の禁止とハラスメントやいじめの防止
- 安全で衛生的な職場環境
- ソーシャルメディアの使用

③財務健全性および当社資産の保護―その意味、重要である理由、実戦方法

- 会社の記録や公開報告書の正確さ
- 会社資産の使用

●知的財産および業務上の機密情報
●企業秘密および機密情報の尊重
●証券取引法の遵守およびインサイダー取引

④利益相反―その意味、重要である理由、実践方法

●どのような場合に「利益相反」が発生するか
●贈答品、接待、歓待、旅行およびその他の価値のあるもの
●個人投資、取引および社外の事業利益
●家族との関係および親しい個人的関係
●社外取締役となること

(2)「我が信条」との関係

「我が信条」は世界49カ国の言語に訳されているが、「業務上の行動規範」も同じく各国の言語で世界250のファミリーカンパニーで遵守されている。「業務上の行動規範」は「我が信条」と密接な関係にある。

1番目の「事業活動の行い方」は「我が信条」の第一の責任である「顧客への責任」と関係している。ここではJ&Jの顧客である患者、医師、看護師、そして母親、父親をはじめとする顧客で

ある。ここでは、まずもって法律の遵守―腐敗行為防止法、反トラスト法、国際貿易での法令遵守、そして、人権等、公的な活動にかかわることが挙げられている。

2番目の「社員の適正な待遇」は、「我が信条」の第二の責任である「社員への責任」と関係している。世界250社にも及ぶファミリー企業の社員は人種、性別、宗教、文化の異なるダイバーシティの集合体である。ここでは、まず社員の積極的な関与の上で差別やハラスメントの防止、さらには働く環境、IT社会におけるソーシャルメディアの活用に関する遵守が挙げられている。

3番目は「財務健全性および当社資産の保護」であるが、これは「我が信条」の第四の責任である「株主への責任」と関係している。企業において株主との関係は最大のプライオリティだが、この責任を果たすには正確な情報を株主に開示しなければならない。そのためには情報の正確さ、会社資産、知的財産、企業秘密、証券取引法、インサイダー取引に関することを遵守することが株主への責任である。

4番目は「利益相反」であるが、これは「我が信条」の第三の責任である「地域社会への責任」と関係している。この部分は、J&Jの利益と相手の利益が相反する場合が想定されている。贈答品、接待、個人的な出資、家族、社外取締役の就任等相反の恐れがある場合には上司に相談することが定められている。

J&Jの企業行動基準は他のアメリカ企業の場合と異なり、その基本を「我が信条」に根ざした上で、それをフォローする形で「業務上の行動規範」が制定されている。行動規範の遵守は最終的には社員1人ひとりの行動にゆだねられているが、難しい決定を迫られた場合には次のことを自問自答することを示している。

●その行為はJ&Jの「業務上の行動規範」、会社方針または法律に対する違反行為か？
●その行為は「我が信条」の責任と矛盾していないか？
●その行為は社外の利害関係者から非倫理的なものに見えるか？
●その行為は自分やJ&Jの評判を損なう可能性があるか？

この規範に関する助言やガイダンスは各部門の責任者（所属組織のマネジャー、人事、法務、ヘルスケアコンプライアンス、品質管理、環境衛生、サステナビリティ、グローバルセキュリティ等の責任者）から得られることを提示している。また、“Our Credo Integrity Line”という年中無休24時間体制で世界中どこからでも相談できるJ&Jとは独立したホットラインがある。

第4章

グローバルR&D ネットワーク

1 医薬産業の研究開発戦略の基本

企業にとっての研究開発（Research and Development：R＆D）は成長発展の生命線であり、どの企業も次なる技術や製品の開発にしのぎを削り、秘密裡に企業内で行うことが基本とされてきた。製造業のルーツをたどってみると、その企業の核となる技術、製品を開発したことが創業の契機となり、その後の成長発展の原動力になっている。どのグローバル企業も創業の地である母国（Home Country）市場をベースとしながら海外市場へと拡大し、グローバル企業への成長過程をたどる。したがって、その核となる製品、技術は企業の競争力の源泉であり、研究開発は本国で秘密裡に企業内部で行うことが基本である。しかし、企業のグローバル化は販売や生産の現地化に伴って、より市場に近い形での研究開発が必要になってくる。

J＆Jが扱っているヘルスケア、医薬はわれわれの健康、生命に直接的にかかわる製品だけに、その開発のための時間と資金、つまりコストは一般製造業に比べ極めて高い。よく製薬業界では「1つの薬の開発は油田を掘り当てるよりも難しい」と言われている。数年前までは、1つの新薬の開発に10年100億円といわれていたが、現在は10～20年、100～200億といわれている。製薬各社は、新薬を開発したところでいつかは特許の期限が切れるため、常に次の新薬開発を目指さなければならない。製薬会社は研究開発こそが生命線であり、そのための投資に耐えていかなければならない。

したがって、製薬会社は一般の製造業と異なり売上に占める研究開発費の割合が高い。率にして、一般製造業の場合は４～５％であるのに対し、製薬会社は10％以上とされている。製造会社は工場建設などの設備投資もあるが、製薬会社はまず新薬開発のため最先端の研究者の確保が課題となる。

売上に対する研究開発投資の割合を世界で比べた場合、日本の製薬会社はその割合は高いというものの、世界の製薬会社と比べると投資額は低い。

図表４－１は世界の製薬産業の売上と研究開発費の対比である。２０１９年に９位にランクインした武田薬品の場合、売上３０２億ドルに対し研究開発費は45億ドル、前年比では33・７％の増加となった。これは、２０１９年のシャイアー買収があったからである。Ｊ＆Ｊの場合、医薬分野では売上４２０億ドルに対し研究開発費は88億ドル、率にして６・４％。メディカル、コンシューマー事業を含めると売上８２０億ドルに対し研究開発費は１１３億ドル、率にして５・４％である。世界の上位の製薬産業（ロシュ、ファイザー、ノバルティス、メルク等）は、研究開発に１兆円近くを投じて新薬の開発に挑んでいる。また、**図表４－１**からはトップ企業の研究開発費は１兆円前後であることがわかるだろう。

図表4-1　世界の製薬産業の総売上と研究開発費

順位	前年	社名	売上高			研究開発費		
			億ドル	億円	前年比	億ドル	億円	前年比
1	1	ロシュ（スイス）	618.69	67,428	8.1	128.58	14,013	5.6
2	2	ファイザー（米国）	517.50	56,412	▲3.5	86.50	9,429	8.0
3	3	ノバルティス（スイス）	474.45	51,719	6.0	94.02	10,249	10.8
4	4	メルク（米国）	468.40	51,059	10.7	98.72	10,761	1.2
5	5	GSK（英国）	431.02	46,999	9.5	58.33	6,360	17.3
6	**6**	**J&J（米国）**	**421.98**	**45,999**	**3.6**	**88.34**	**9,630**	**4.6**
			820.59	**89,451**	**0.6**	**113.55**	**12,378**	**5.4**
7	7	サノフィ（フランス）	404.66	44,121	4.8	67.45	7,355	2.2
8	8	アッヴィ（米国）	332.66	36,263	1.6	64.07	6,984	▲38.0
9	16	武田薬品（日本）	302.00	32,912	56.9	45.18	4,924	33.7
10	11	ブリストル（米国）	261.45	28,500	15.9	61.48	6,702	▲2.9
11	13	アストラゼネカ（英国）	243.84	26,580	10.4	60.59	6,605	2.1
12	10	アムジェン（米国）	233.62	25466	▲1.6	41.16	4,487	10.1
13	12	ギリアド・サイエンシズ（米国）	224.49	24,471	1.5	91.06	9,926	81.5
14	9	イーライリリー（米国）	223.20	24,331	3.8	55.95	6,099	10.8
15	14	ベーリンガーインゲルハイム（ドイツ）	212.79	23,201	8.6	38.78	4,228	9.4
16	15	バイエル（ドイツ）	201.20	21,937	7.3	30.83	3,361	▲4.9
			487.76	53,181	18.5	59.84	6,524	4.6
17	18	ノボ ノルディスク（デンマーク）	182.96	19,947	9.1	21.32	2,325	▲4.0
18	17	テバ（イスラエル）	168.87	18,408	▲7.6	10.10	1,101	▲16.7
19	19	アラガン（アイルランド）	160.89	17,538	1.9	18.12	1,975	▲20.0
20	20	バイオジェン（米国）	143.78	15,673	6.9	22.81	2,486	▲12.2

注：集計対象は2019年12月期決算（一部日本企業は2020年3月期決算）。各社の業績発表をもとに作成。J&Jは医療用医薬品事業。公表通貨から米ドル換算。J&J、バイエルは上段が医療用医薬品、下段が全社。

出所：Answersウェブサイト（https://answers.ten-navi.com/pharmanews/18365/）。

2 研究開発のグローバル・ネットワークとは

筆者は今から二十数年前に研究開発のグローバル・ネットワークについての本を書き[1]、その中でこれからの研究開発のグローバル化の在り方について「クローズドネットワーク」から「オープンネットワーク」への考え方を提起した（図表4－2）。

研究開発はどの企業においても競争力の源泉となる革新部分であり企業内で秘密裡に進められてきたが、企業のグローバル化に伴って研究開発もそれに対応した仕組みを考える必要があるのである。それまでは研究開発は基本的にホームカントリーである自国で行うのが基本であり、企業内部で自社の持てる研究開発資源を活用して行う「クローズドネットワーク」が主流であった。

ところが、今日では販売、生産機能の海外進出とともに、それらの機能をサポートするためにも研究開発のグローバル化は必然の課題となっている。また、今日のグローバル企業は国境を越えた世界競争、つまり地球規模のメガコンペティション（Mega Competition）の時代である。研究開発では基本的に多種多様な科学技術の集大成によって新たな技術、イノベーションが起こることを考えると、それを自社の研究開発資源だけに頼っていては国際競争には勝てない。なすべきことは、自社の研究開発資源に加えて他社との連携によって研究開発の効率化を図ることによる「オープンネットワーク」の考え方である。

1　これについては高橋浩夫『研究開発のグローバル・ネットワーク』（文眞堂、2000年）を参照。

図表4-2　研究開発のグローバル・ネットワーク

クローズドR&D	ネットワークR&D
〈研究開発の国際化の視点〉	〈研究開発のグローバリゼーションの視点〉
●思考スタイル： 本国中心的・縦断的思考 ●静態的・秩序的 ●高固定費の維持 ●R&Dスタイル：段階的研究 ●自社開発 ●R&D資源の本社集中 ●ピラミッド組織＝官僚的 ●リジットな組織構造 ●垂直的組織 ●同質な取り込み	●思考スタイル： 多数国中心的・横断的思考 ●動態的・創造的 ●低固定費 ●R&Dスタイル：プロジェクトベース ●自社開発・提携・共同研究など ●R&D資源の分散化 ●ネットワーク組織＝自律的 ●コンピューターネットワーク ●水平的組織 ●異質な取り込み

出所：高橋浩夫『研究開発のグローバル・ネットワーク』文眞堂、2000年。

今や先進企業の研究開発のグローバル化は社内外の連携によって構築されている。当該企業における国内外の研究機関、大学、ベンチャー企業等の幅広い領域、ネットワークの中で進められている。筆者はそれを研究開発の「クローズドネットワーク」「オープンネットワーク」の視点から、図表4－2のような図式で考えている。

これをイノベーションの視点から考えると「クローズドイノベーション」と「オープンイノベーション」と考えることができる。

これについて、2003年にハーバード大学のビジネススクール教授であるHenry W. Chesbrough氏が著書“Open Innovation: The New Imperative for Creating and Profiting from Technology”（2003年、MIT Press）において提唱している。Chesbrough氏は自前主義に基づく製品や技術の開発および販売を「クローズドイノベーション」と定義した上で、それとは異なる新たな概念として「企業の内部と外部のアイデアを有機的に結合させ、価値を創造すること」を「オープンイノベーション」と定義した。この考え方はその後も「イノベーションを促進するための知識の移出と移入の意図的な活用プロセス」、さらに近年では知識の移出入の管理を含めた概念へと拡張されている。

このオープンイノベーションの考え方は日本でも広く取り入れられ、2014年7月22日に閣議決定された「健康医療戦略」では、オープンイノベーションの考え方を取り入れて外部の開発力やアイデアを活用することを提言している。

特に日本製薬工業会が2016年に発表した「製薬産業ビジョン2025」では「創薬シーズの発見から臨床開発に至るまで全てを自前で行う自己完結型の創薬手法から、大学等のアカデミアやベンチャー企業から創薬シーズを導入する等のオープンイノベーション型創薬への移行が加速しつつある」と示されている。

3 J＆JのグローバルR＆Dネットワーク

(1) オープンイノベーションとは

J＆Jでは、研究開発においても「我が信条」が深くかかわっている。「我が信条」に挙げた責任を確実にするため、医師や臨床研究科学者など、研究開発の医学的側面の担当者に対してより具体的な行動指針を提示している。それが"Our Ethical Code for the Conduct of Research and Development（研究、開発の実施に関する当社の倫理規定）"であり、J＆Jにはリスクとベネフィットのバランスを適切に保つことによって患者の幸福を最優先し、製品を使用される患者と医師に最大の利益が得られるよう配慮する責任があるとしている。

それでは、どのような形で研究開発のグローバル化が進められているのだろうか。J＆Jは毎年80億ドルを研究開発に投じ、新製品、サービスの開発を行っている。同社の売上の25％は過去5年間の新規事業によるものである。しかし、医薬品の特許切れによる売上低下を契機として、継続的なイノベーションの創出の必要性が認識されていた。また、250ものファミリー企業を抱える巨大組織に成長した結果、重複した研究プロジェクトが同時に行われるなどの重複した組織構造になっていた。

そこで、同社は2011年にVice President & Chief Scientific Officer（最高科学研究開発責任者）としてPaul Stoffels氏（現在J&J Vice Chairman）を迎え、大胆な組織変革を行った。それによって研究領域の特定、煩雑化した業務プロセスの統一、乱立したグループ内組織と研究プロジェクトの整理統合および組織間連携を強化する体制が敷かれた。また、自社による研究開発だけでなく社外のリソースをさらに活用したオープンイノベーションの取り組みを始めた。アメリカ・ボストンに外部連携の活動を統括するイノベーション専任組織を設立し、世界各地のイノベーション拠点やベンチャー協業の枠組みなど多様な仕組みの連携を進めている。

同氏は、ともすれば創薬において自前主義に陥りやすいＪ＆Ｊにおいて「新薬の種が社内外どこで開発されるかは問題ではない」とし、世界各地で画期的な技術や研究開発を行うベンチャー企業をはじめとした外部組織を探索し連携を強化するため、バイオクラスターにおけるイノベーション拠点の設立やベンチャービジネスへの投資機能を立ち上げている。このような取り組みを通じて、自社単独の研究開発に加えて外部組織との協業が研究開発のスピードを向上させることが社内でも理解されるようになり、自前主義から外部連携を積極的に推進している。

(2) Ｊ＆Ｊのイノベーションセンター

図表４－３に示したように、Ｊ＆Ｊには世界中にいくつかの役割を持った機能がある。科学技術、研究開発、イノベーションの最高司令塔であるニューブランズウィックの本社と、Innovation Centers、Major Global R&D Locations、JLABS Locations、External Network Locations である（図表４－４）。

まず、本来的な研究開発拠点は医薬分野ではアメリアのカリフォルニア、ペンシルベニア、ヨーロッパのベルギー、コンシューマー分野ではフランス、ニュージャージー、メディカル分野ではマサチューセッツ、カリフォルニア、オハイオ、イスラエル、中国である。

Ｊ＆Ｊでは、先に挙げたオープンイノベーションを“External Innovation”と呼び、戦略上重要な

図表4-3　J&Jの研究開発拠点（2020年時点）

出所：J&Jアメリカ本社提供資料。

図表4-4　J&Jのイノベーションネットワーク（2020年時点）

Innovation centers
• South San Francisco, CA, USA • Boston, MA, USA • London, UK • Shanghai, China

Major Global R&D locations
Pharmaceuticals • La Jolla, CA, USA • Spring House, PA, USA • Beerse, Belgium
Consumer Health • Val－de－Reuil, France • Skillman, NJ, USA
Medical Devices & Vision • Raynham, MA, USA • Irvine, CA, USA • Cincinnati, OH, USA • Haifa, Israel • Shanghai, China

External network locations
Global Public Health • Ghana • Kenya • Nigeria • South Africa
JJIPO@Monash • Melbourne, VIC, Australia
JJIPO@QUT • Brisbane, QLD, Australia
CDI@TMC • Houston, TX, USA

JLABS locations
JLABS@BE • Beerse, Belgium
JLABS@Toronto • Toronto, Canada
JLABS@Shanghai • Shanghai, China
JLABS@MBC BioLabs • Bay Area, CA, USA
JLABS@San Diego • La Jolla, CA, USA
JLABS@SSF • South San Francisco, CA, USA
JPOD@Boston • Boston, MA, USA
JLABS@LabCentral • Boston, MA, USA
JLABS@M2D2 • Lowell, MA, USA
JLABS@NYC • New York, NY, USA
JPOD@Philadelphia • Philadelphia, PA, USA
JLABS@Washington DC • Washington, D.C., USA (Opening in 2021)
JLABS@TMC • Houston, TX, USA

出所：J&Jアメリカ本社提供資料。

ものと位置づけ、内部、外部の専門家によるネットワークを計っている。

まず、Innovation Centers は外部連携を進める上で早期段階のベンチャー企業を支援し、起業家、ベンチャー企業の一元的窓口として連携を推進する。サウスサンフランシスコ、ボストン、ロンドン、上海が拠点である。イノベーションのためのさまざまな研究施設があり、全体で1つの大きな研究開発拠点となっている。ここでは学術研究機関や新興バイオテクノロジー企業、ベンチャーに関するキャピタル企業が取り組む研究初期段階のイノベーションに焦点を当てている。各イノベーションセンターはライフサイエンスに関する新しいアイデアの発掘、評価、資金調達、プロジェクトに参加するための総合的役割を担っている。

また、JLABS（J&J Laboratories）は研究の孵化機能であるインキュベーションのネットワークとして、アメリカ各地（カリフォルニア、マサチューセッツ、ニューヨーク、ワシントンDC、ペンシルベニア、テキサス）のほかベルギー、カナダ、中国上海にある。ここはインキュベーションセンターであり、J&Jに関連する成長分野の各ベンチャーやスタートアップに対し、厳しい審査を経て同社が極めて安い賃料で入居させている。

JLABSがつくられたきっかけは、もともとカリフォルニア・サンディエゴにあった、J&Jの医薬部門であるヤンセンファーマの研究所である。そこはインキュベーション施設でもあり、創薬だけでなく、医療機器やその他のヘルスケア製品の開発を行うベンチャー企業が入居していた。それを、2012年にJ&JのJLABSとして新たに組織替えしたのである。現在も、このサン

図表4-5　J&Jの対外的コラボレーション

事例	内容	詳細
ベンチャー企業との業務提携(2014年7月)	3Dバイオプリンター製造ベンチャーと医薬品試験のための業務提携	3Dバイオプリントベンチャーのオーガノボと3Dプリントされた人間の肝細胞を用いた新薬の毒性検査を行う。通常の臨床試験では多大なコストを要するが、3Dプリントを利用した試験により大幅に削減することが期待される。
他業種大手との協業(2015年3月)	ロボット領域で強みを持つ他社との協業により、ヘルスケア領域でのロボットサービスを開発	Googleと手術支援ロボットの開発で協業する。ロボット技術を活用して、自社が強みを持つヘルスケア領域での新サービス（ロボットによる手術支援）を開発する。
他業種大手との提携(2015年4月)	人工知能領域に強みを持つ他社との提携により、ヘルスケア領域での新サービス開発	IBM社との提携により、Watson Health CloudとWatsonを活用し、人口膝関節置換手術や脊髄手術患者の術前・術後ケアを支援するモバイルベースのコーチングシステムを開発する。人工知能技術を用いて、ヘルスケア領域でのコーチングサービスを開発する。
バイオベンチャーとのライセンス契約(2015年6月)	新技術を有するベンチャーとのライセンス契約	バイオベンチャーのカルナバイオサイエンスが開発した低分子キナーゼ阻害薬プログラムから創出された化合物の開発・商業化に関する、全世界を対象としたライセンス契約を締結。
ベンチャー企業への出資(2016年3月)	ヘルスケア領域での新規サービスへ出資し、自社グループとの提携	糖尿病患者の血糖モニターと同期する管理プログラムを提供しているWellDocへ出資し、自社グループの各領域と連携させる。ベンチャー企業の新規サービスを自社グループの既存サービスと連携させることで新たな付加価値の創出を期待する。
人材育成プロジェクトにおける大学との連携(2016年6月)	大学と連携し、人材育成プログラムを提供	海外研修旅行を実施、女性トップリーダーとの交流や、最先端の研究施設視察の機会を設けるなどのプログラムを大学と連携して提供し、長期的なイノベーション創出の下地をつくる。
シード投資家/アクセラレーターとの戦略的提携(2016年12月)	アクセラレーターとともに、ヘルスケア関連のベンチャー企業の成長支援を行う	アクセラレーターがメンタリングやネットワーキングを提供し、J&Jが専門技術のサポートを行うことで、新製品の事業化を促進する。

出所：JOIC資料「海外企業におけるオープンイノベーション推進事例」2017年9月。

ディエゴはJLABSの中心的な拠点となっている。入居したベンチャー企業は計画された研究開発を推進し、原則として2年以内に新たに資金を調達して独立しなければならない。J&Jのスタッフは施設運営の管理者の立場として3名ほど在籍しているのみで、運営は基本的に各企業にゆだねられている。[2] また他に、J&Jとのゆるやかな研究開発ネットワーク組織としてExternal Network Locationsがある。

J&Jの対外とのコラボレーションによるイノベーションの取り組みは図表4-5のとおりである。

4 日本における研究開発

日本における外資系企業の研究開発として、J&Jはどのような機能を持っているのだろうか。日本J&Jの事業領域はヘルスケア事業である医療機器、コンシューマー事業（使い捨てコンタクトレンズであるアキュビューも含まれる）、そして医薬事業である。ヘルスケア事業の工場は福島県の須賀川にあるが、研究開発機能は持っていない。また、当初は須賀川工場でコンシューマー製品をつくっていたがその後中国、ベトナム等に移行したため、日本J&Jには研究開発機能はない。あるのは医薬事業を担うファミリーカンパニーであるヤンセンファーマである。ここは先に挙げたJ&JのグローバルR&D "Our Global Research" の拠点に組み入れられている。

2 黒河昭雄「ライフサイエンス分野におけるオープン・イノベーションの現状と課題」『ファルマシア』第53巻第12号、2017年。

日本では1978年に協和発酵との合弁会社としてスタートし、2002年にJ&Jの全額出資のヤンセンファーマ株式会社となり、工場と研究所は静岡県の富士市にある。

日本J&Jとの関係では、研究開発であるイノベーション機能では中国上海のイノベーションセンターとの連携で行っている。例えばアルツハイマー病を含む認知症の早期診断につながる新しいバイオマーカー開発促進の一環として、アルツハイマー治療研究基金および塩野義製薬との契約がある。また、最近では薬学関連のイノベーティブな早期トランスレーショナルリサーチ（基礎研究と臨床研究との連携研究）の発見、開発、実用化を促進することを目指し、ヤンセンと東京大学センター・オブ・イノベーション（COI）や東京理科大学との提携も行っている。同様のコラボレーションはJ&Jと京都大学大学院医学研究科、大阪大学大学院医学系研究科、大阪大学医学部付属病院との間でも行っている。

また、2019年には武田薬品および湘南ヘルス・イノベーションパーク（湘南アイパーク…神奈川県の大船にあった武田薬品の湘南工場を2018年に地域社会に開放した企業発のサイエンスパーク）と共同で「病のない未来」実現のための研究提案を公募し、2名を採択した。採択者には研究助成金、湘南アイパーク内のラボとオフィススペースが与えられる。これはJ&JのExternal Network Locationsの1つであり、グローバルに実現可能な医療ソリューションに発展させることを目指すスタートアップ企業、起業家、アカデミア、大学、研究所、企業などを取り込み、インキュベーションを行おうとしている。

第5章

ヒューマンリソース マネジメント

1 人事管理からヒューマンリソースマネジメントへ

「人」に対する思い入れは、J&Jの経営の根幹を成している。「我が信条」では第二の責任として「人」である社員への責任を掲げている。この責任は顧客、地域社会、株主に対するよりも多くの細かい思いが語られている。経営は「人なり」といわれるが、次代を見据えた経営の舵取りは「人」によるビジネスへの挑戦である。経営に携わる「人」には最高トップ（トップマネジメント）もいれば中間管理者（ミドルマネジメント）、現場層の管理者が携わっている。「人」は単なるリーダーだけではなく、そこに従事するすべての「人」の総力によって組織の成長発展が遂げられる。しかし、J&Jは世界60カ国250社に進出し、総社員数13万人を擁し、多様な国籍、宗教、言語、文化の違いの中で構成された社員で成り立っている。人材のダイバーシティの中で経営目標をどう達成するかが「人」のマネジメントである。

今、人事管理（Personnel Management）に代わってヒューマンリソースマネジメント（Human Resource Management）が一般的になっている。これは1980年代ごろからアメリカ企業の間で使われ始めた経営用語である。アメリカでは近年の傾向として、企業業績が悪くなると簡単にレイオフ（Lay Off：一時解雇）する考え方に代わって、「人」は経営にとって一番大切な資源（Resource）であるとの考え方である。日本の経営において「人」資源の大切さは当たり前と思われてきたが、アメリカの経営は違っていた。アメリカの経営書でベストセラーとなったマッキンゼーの２人の著者による“In Search of Excellence”（大前研一訳『エクセレント・カンパニー』１９８３年）でも、人的資源こそが経営の根幹であることを説いている。

Ｊ＆Ｊは同書の中でエクセレント・カンパニーの事例として取り上げられているが、「我が信条」を核にした「人」資源の大切さが経営の根幹を貫いている。

Ｊ＆Ｊは、１９８０年代からすでにヒューマンリソースという言葉を社内用語として使っていた。その経営はヒューマンリソースを基盤とし、「我が信条」で４つの責任を語っている。しかし、問題は各々が独立した２５０社のファミリー企業からなる人材をどのようにリクルートし育成するかである。Ｊ＆Ｊの事業はコンシューマー、メディカル、医薬の事業分野でそれぞれの顧客も違うため、それに対応した専門的知識と人材育成が要求される。それぞれの事業が人の健康、命にかかわることだけに、高い倫理感と専門的知識を持った人材の育成が必要である。

それでは、Ｊ＆Ｊのヒューマンリソースマネジメントはどのような仕組みなのだろうか。

2 新しい戦略フレームとLeadership Imperative

(1) 旧来型のスタンダード・オブ・リーダーシップ

J&Jはさまざまな形での人材育成を行ってきたが、1989年から2002年までCEOだったラルフ・ラーセンは「クレドーサーベイ」の結果を踏まえ、リーダーの育成が同社の将来の最大の課題と考えた。そこで、ラーセンは自身に直結した「ジョンソン・エンド・ジョンソン リーダーシップ・タスクフォース」を発足させた。このタスクフォースには各事業部門とヒューマンリソース部門の代表者、アジア太平洋、ヨーロッパ、北米、南米の代表者で構成された。このタスクフォースには、当時日本J&Jの社長だった廣瀬光雄氏も任命された。そこで策定されたのが、SOL（Standard of Leadership）である。SOLは「我が信条」を中核として形成されており、リーダーとして求められる必要条件として6項目を挙げている。

- 「我が信条」の精神にのっとり、倫理にかなった言動をとる
- 誰に対しても敬意を払いながら接する
- 日常行動の中に「我が信条」の価値観を反映させる

図表5-1　SOLの図式

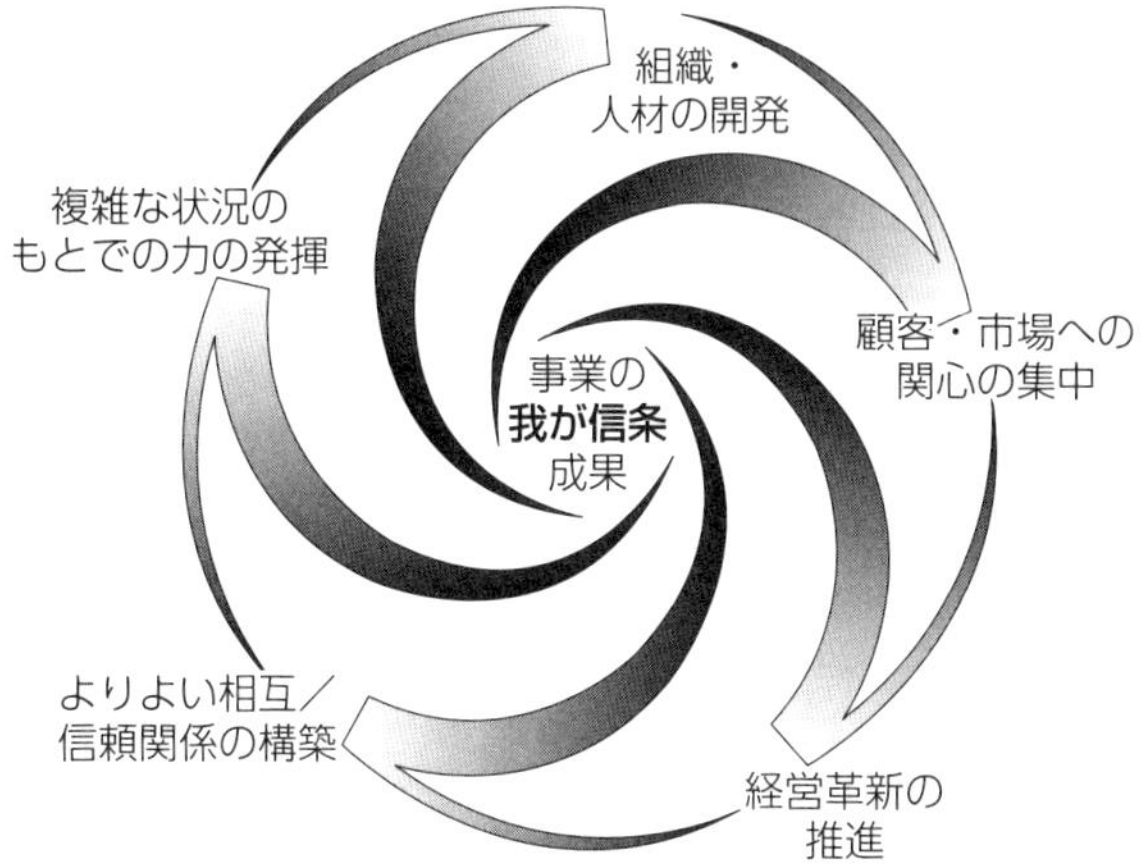

出所：J&Jアメリカ本社提供資料。

●「クレドーサーベイ」の結果を事業活動の向上に役立てる
●関係者の利害をうまく調整する
●長期的な視野を持って事業活動を行う

また、事業業績については、①キャッシュフロー、②コスト効率、③顧客満足、④環境、安全面での責任、⑤利益の伸長、⑥マーケットシェア、⑦新製品の導入、⑧人材育成、⑨商品の品質、⑩生産性、⑪薬事規制の遵守、⑫販売量の伸長の12項目を挙げた。

このような要件を共有して、リーダーシップは次の5つのクラスターに沿って考え行動することが求められている。（図表5－1）

●顧客・市場への関心の集中
●経営革新の推進

●よりよい相互／信頼関係の構築
●複雑な状況のもとでの力の発揮
●組織・人材の開発

その後、ＳＯＬの考え方はＣＥＯになったウェルドン（William Weldon、在任期間２００２～２０１２年までの12年間）に引き継がれるが、２０１２年にＣＥＯになったゴースキーはリーダーシップの枠組みを変えた。

(2) 新しいリーダーシップスタイル

「我が信条」を骨格としながらも、戦略的フレームワークが変化する時代には社会のニーズに対応したリーダーシップスタイルが必要である。

新しい戦略的フレームワーク（Our New Strategic Framework）は、「我が信条」の下でその使命を「私たちのこころと科学の力、画期的な発想力を融合させ、ヘルスケアを飛躍的に進化させます」と掲げている。そして、その企業原則（Our Enterprise Principles）として、①幅広いヘルスケア領域に注力、②ネットワークと規模の活用、③俊敏さと危機管理を備えたリーダーシップ、④長期的な視点に基づく投資を挙げている。

そして、それを行うための原動力（Our Global Growth Drivers）として、①人生を充実させるイ

図表5-2　Our New Strategic Framework

出所：J&J本社提供資料。

ノベーションの創出、②卓越した実行力、③パートナーシップを通じた価値創造、④社員の力と意欲の向上を挙げている。

ここでのリーダーシップの考え方が“Leadership Imperative”である。これは「戦略を変えるのであればそこで戦う人たちも変わる必要がある」という認識の下で制定された。これは図表5－3のように、まずJ&Jの経営理念の本質を捉え行動で示すことである。その下で患者や顧客、社会つながりを持ちヘルスケアのニーズに応えるために“Connect”する。そのためにイノベーションを通じて、ヘルスケアの未来を“Shape”する。そのことによって、自分と周囲のベストを実現するために

図表5-3　Leadership Imperatives

Live Our Credo & Pursue Our Purpose
ジョンソン・エンド・ジョンソンの理念の本質をとらえ、行動で示す
- 「我が信条」のステークホルダーのニーズを最優先する
- 最高水準のクオリティー、コンプライアンス、倫理観を追求する
- 「私たちの使命」を意識して日々行動する

CONNECT
ヘルスケアのニーズにインクルーシブに応えるために「CONNECT」する
- 社内外で、互いを尊重し合う関係を築く
- 多様な視点を求め、耳を傾け、取り入れる
- 境界を越えてオープンに協力し合い、チームプレイヤーとして行動する

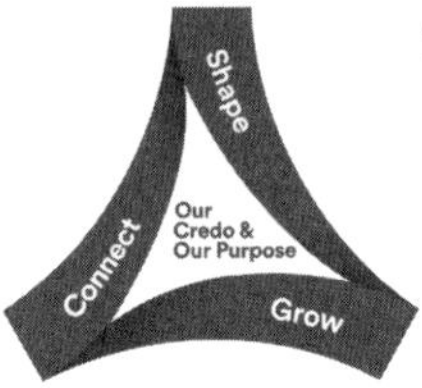

SHAPE
イノベーションを通じて、ヘルスケアの未来を「SHAPE」する
- 従来の考え方に疑問を投げかけるアイデアを発想し、提供する
- 新しいことに勇気をもって挑戦し、試し、失敗から学ぶ
- 変化を促し、適応するよう、レジリエンス（逆境から立ち直る力）とアジリティ（俊敏さ）を実践する

GROW
自分と周囲のベストを実現するために「GROW」する
- 目標達成に向けて自分と周囲の能力を開発する
- オープンで誠実なカンバセーションに取り組む
- 心身のエネルギーを管理し、結果に対してオーナーシップを持つことにより、パフォーマンスを高める

出所：J&J「2019 Health for Humanity Report」。

“Grow”することである。

これはJ&Jが人々の健康を支援する会社であり続けるために、全社員に求められる行動指針である。ただ、普通は役職が上がるにつれてリーダーシップが求められるが、同社では新人でもリーダーシップを発揮することが求められている。社員には責任と権限を与え、自分で考えたことをビジネスに活かせる、誰もが未来に向かってチャレンジできるというリーダーシップスタイルである（図表5－3）。

3 人材育成の方法

(1) 基本は現場でのＯＪＴ

企業に従事する人が仕事を覚える方法（自己啓発）には、研修などの集合教育による Off-JT（Off the Job Training）と、仕事を通して体験によって学ぶＯＪＴ（On the Job Training）がある。前者は知識を習得し、情報を共有することによって覚える「形式情報」に対し、後者は体験や体感によって身体で覚える「意味情報」、つまり、暗黙的にその人に内在して蓄積される暗黙知である。

仕事は「言葉よりも経験」「研修よりも現場」といわれるように、頭の中で考える形式情報よりも実際に現場で体験していく「意味情報」の方が身につくといわれる。しかし、意味情報である各人の暗黙知に、それが何であるかの客観性を与え正しい意思決定をサポートするためには、形式情報を必要とする。ビジネスを行うにあたって大切なのは、両方の情報を同時並行的に繰り返し学んでゆくことである。そうすることによって、経営に対する的確な判断が身につく。

国際事業は形式情報を基に綿密に分析しても、実際の現場に行かなければわからない部分が多くある。海外の現地へ行き、人々との交流や会話・交渉の中で身体で学びとっていく意味情報が基本である。

J&Jの経営の基本にあるものは現場での習得であり、世界各国の事業拠点で仕事を通じて経験することが能力の向上になり、人事評価にもつながる。

実際に日本J&Jの能力開発計画で一番重きを置いているのは「経験」であり、職務を遂行することによって身につく暗黙知（能力開発全体の70％）、次には人との触れ合いや上司（メンター）から学ぶことの意義（20％）、そして、さまざまな形で行われる研修（10％）であるとしている。

（2）J&Jのリーダーシッププログラム

J&Jには図表5－4のように6つほどのリーダーシップ開発プログラムがある。三角形の底辺の部分から始め、ピラミッドの上になるに従って経営層へと広がってゆく。

日本では"J&J Japan University"と称し、指名であるノミネーション（Nomination）研修と選択（Self-Enrollment）研修がある。

まず、ノミネーション研修では、最初は個人レベルで社員としての基本動作、スキルの習得、社員としての軸の形成、管理者手前のリーダーシップ研修が行われる。ミドルレベルでは人とチームマネジメントとリーダーシップ研修が行われ、シニア以上のレベルでは組織とビジネスマネジメントと意思決定の研修が行われる。このほかに、グローバル化に対応した"Global Leadership Acceleration Program"がある。

選択研修では、自己啓発プログラム、グローバルなコミュニケーションのための語学研修やバー

図表5-4　リーダーシップ開発プログラム

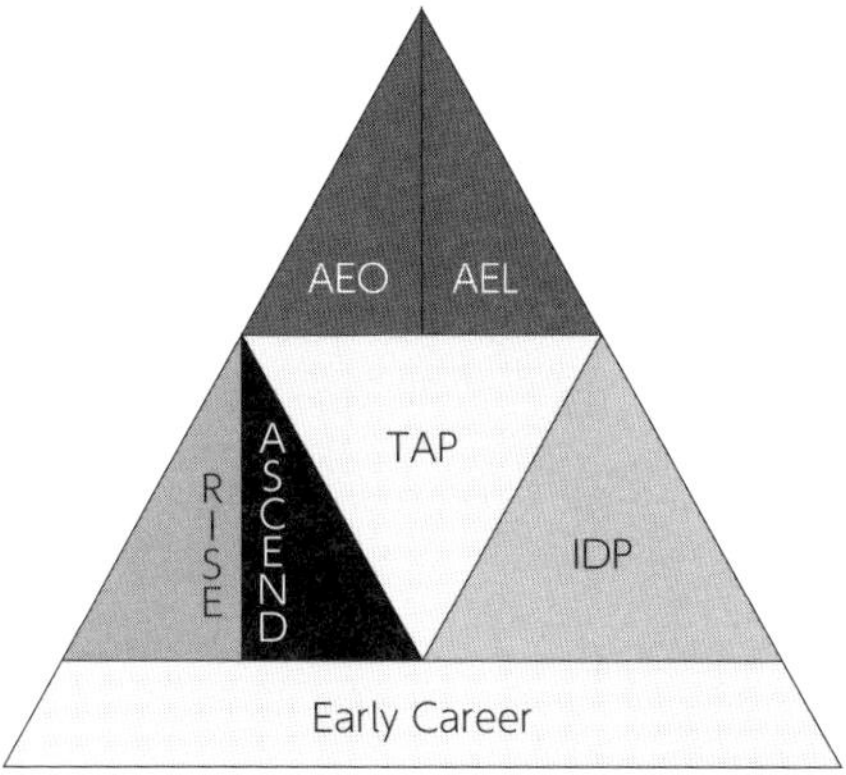

RISE	人種や民族的観点も含め多様なリーダーを育成するプログラム
ASCEND	中間層レベルの女性リーダーをサポートする能力開発プログラム
IDP	他国でのコアスキルの強化を図る中間層レベルのリーダーシップ開発プログラム
TAP	バイスプレジデントレベルになるために対応したディレクタークラスの開発プログラム
AEO	新しく昇格した、あるいは外部から迎えられたバイスプレジデントクラスのエグゼクティブ向けのリーダーシップ開発プログラム
AEL	より上級の職務を目指すバイスプレジデント向けのリーダーシップ開発プログラム

出所：J&J「2019 Health for Humanity Report」。

チャルクラスコースがある。

日本J&Jのメディカルカンパニーの場合は中途採用が多い。その場合、最も重視することはプロフェッショナルであることである。それまでの経験をベースとして自ら考え行動し、時には周りの人を巻き込み成果を上げるプロ意識を持った人材であれば、医療業界未経験であっても十分活躍でき、将来のリーダーとしても期待できる。人材採用は社内紹介もあるが、主に人材紹介会社を活用している。

採用活動は新卒、中途、MBAの3つに分けて行っている。新卒者のエントリー者数、セミナー参加希望者は数千人規模である。新卒採用はWeb媒体や学校のイベントを通じてエントリーしている。また、「バンドエイドの会社」というイメージを払拭し「医療機器、医薬品のJ&J」を理解してもらうために、何回かのインターンシップを実施している。MBA採用はアメリカ本社の採用チームと協働し、職務経験を持つ日本人MBA取得者を採用している。職務経験を持つことにより即戦力になりえることに加え、高い語学力を持ち海外生活の経験もある人材を採用することで、グローバル人材獲得の1つになっている。

4 ダイバーシティ&インクルージョンとは

J&Jは「ダイバーシティ&インクルージョン（Diversity & Inclusion）」をグローバルな経営戦

略の１つとして位置づけている。これは多様な人材を活かす戦略で、「多様な属性や価値観、発想を取り入れることで、ビジネス環境の変化に迅速、柔軟に対応し企業の成長と社員の幸せにつなげる」ことを目指している。同社では性別、年齢をはじめ民族、出身、身体障害の有無などのあらゆる多様性を尊ぶことで、豊かな発想や考え方を育てる環境をサポートしている。

特に日本のＪ＆Ｊグループでは女性活躍などのジェンダーに関する課題に取り組んでいる。その代表的な取り組みが、“ＷＬＩ（Women's Leadership & Inclusion)”、ＬＧＢＴと支援者であるアライアンスをテーマとする“Open & Out”、障害やメンタルヘルスなどさまざまな特性をテーマとする“ＡＤＡ（Alliance for Diverse Abilities)”の３つのグループがトップ・マネジメントや人事部など会社のサポートを受けダイバーシティ＆インクルージョンの風土醸成のための活動を行っている。例えば、女性のリーダーシップ推進活動であるＷＬＩでは多様な働き方、子育て、介護、ジェンダーなどの垣根を越えて、すべての社員がより安心して働くことができる環境づくりを支援している。約４割のメンバーが男性だという。ＷＬＩは世界中のＪ＆Ｊで働く社員が主体性を持って取り組んでいる活動でもある。アメリカでは１９９５年に始まり、日本では２００５年に活動が始まった。意識改革のためのワークショップやネットワークイベントを定期的に開催し、誰しもが高いパフォーマンスを発揮できる環境づくりに取り組んでいる。

今でこそダイバーシティの推進は広く課題となっているが、Ｊ＆Ｊはいち早くそれに取り組んだことで、数々の賞を受けている（朝日文化財団、東京労働局長賞他）。

図表5-5　Diversity Wheel

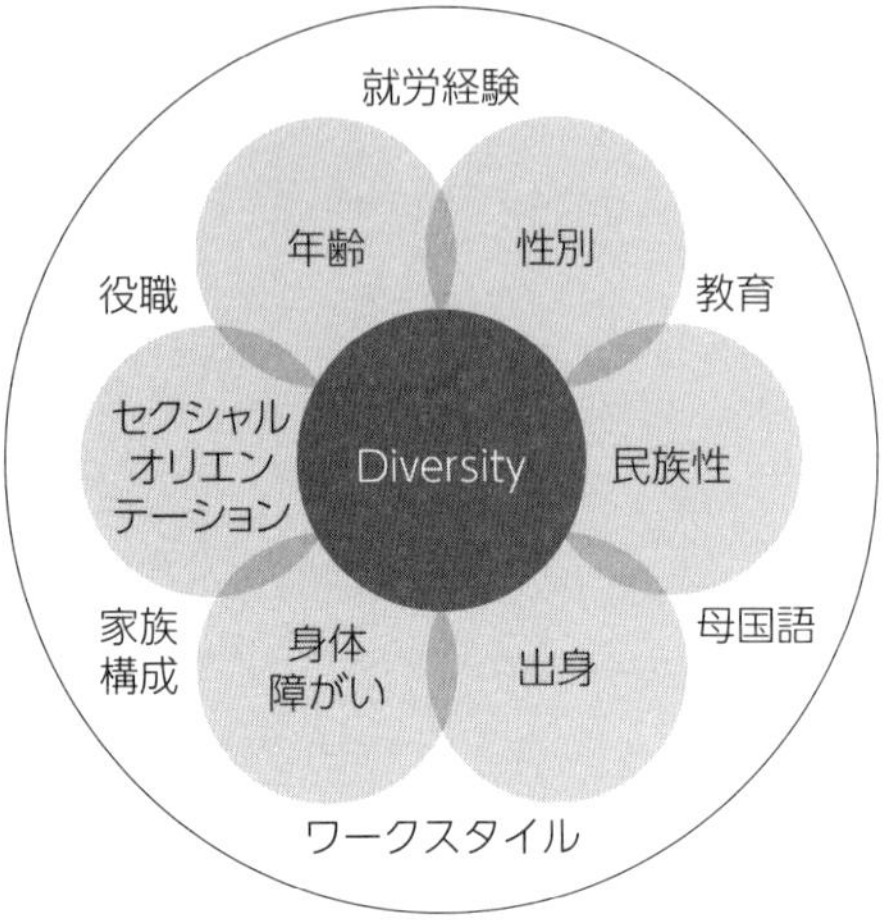

出所：J&Jウェブサイト。

また同時に、ダイバーシティ&インクルージョンを推進する多様性の働き方として、ワークライフバランスの支援についても早くから行ってきている。これは「我が信条」の第二の責任である「社員への責任」にも合致することであり、その具体的な取り組みは次のとおりである。

〈日本J&Jの取り組み〉

- 裁量、みなし労働、フレックスタイム勤務制度
- 在宅勤務制度
- 多様な有給休暇制度（特別育児休暇：5日／年、ボランティア休暇：2日／年、リフレッシュ休暇：3日／年、子の看護休暇：5日／年、介護休暇：5日／年、ドナー休暇：8日／回）

- 育休開始後8週間の所得保障制度
- 育休中の一部業務実施制度
- 産後職場復帰後の業務軽減措置・短時間労働
- チャイルドケア支援金
- ベビーシッターの法人契約
- 働きやすさを追求したドレスコード（ジーンズやスニーカーを含む）
- マッサージルームの設置
- オフィスのフリーアドレス化
- 全世界の社員を対象としたウォーキングイベント
- 心身の健康向上のためのワークショップなど

第6章

日本のジョンソン・エンド・ジョンソン

1 外資による医薬産業の日本進出

わが国で製薬会社が多く集まっているのは、大阪の道修町（どしょうまち）である。ここには創業時には武田薬品をはじめ塩野義製薬、大日本住友製薬、田辺三菱製薬、吉富薬品、日本新薬、大鵬薬品工業、小林製薬等の製薬会社が軒を構える（一部の企業は今は移転）。多くの製薬会社が、なぜ道修町に本拠地を置いているのであろうか。

今から約200年前の江戸時代、中国（清）やオランダからの輸入薬を一手に扱う薬種問屋が店を出し、「薬種仲買仲間」が成立した。日本に入ってくる薬はいったん道修町に集まったのち、薬種仲買仲間を通して全国に流通していった。製薬業を志す多くの業者が集まることで道修町は発展し、そのため、今でもその流れをくむ製薬会社が名を連ねている。

日本ではもともと東京より大阪が本拠地である製薬会社が多いとあって、海外の製薬会社も近畿を拠点とするところが多い。例えばバイエル薬品（大阪市北区）、アストラゼネカ（大阪市北区）、P&G（神戸市中央区）、イーライリリー（神戸市中央区）などである。それでは、海外からの製薬会社はいつごろから日本に進出しているのだろうか。

図表6－1は海外の主要製薬会社の日本への参入を年代別に示したものである。ほとんどの製薬会社は戦後（1945年以降）であるが、ドイツのバイエル、シェリング、スイスのロシュは戦前

図表6-1　外国の主要製薬企業の日本への参入年

企業名(参入時点)	国籍	日本参入年	日本子会社名(参入時点)	進出形態	合弁相手先企業
Bayer	ドイツ	1911	フリードリヒ・バイエル合名会社	単独	(武田薬品、吉富製薬)
Roche	スイス	1932	日本ロシュ	単独	
Schering	ドイツ	1933	日本シエーリング	単独	(グレートチャイナ(香港資本))
Ciba	スイス	1952	チバ製品	単独	
American Cyanamid	米国	1953	日本レダリー	合弁	武田薬品
Pfizer	米国	1953	ファイザー田辺	合弁	田辺製薬→台糖(1955年)
Merck	米国	1954	日本メルク萬有	合弁	萬有製薬
Hoechst	ドイツ	1956	ヘキストジャパン	単独	(三井石油化学)
American Home Products	米国	1957	日本ワイス	単独	
Upjohn	米国	1959	日本アップジョン	合弁	住友化学
Schering-Plough	米国	1959	エッセクス日本	単独	
Squibb Beech-Nut	米国	1960	日本スクイブ	合弁	昭和薬品化工
Warner-Lambert	米国	1960	国際薬品	単独	
Sandoz	スイス	1960	サンド薬品	単独	
Boehringer Ingelheim	ドイツ	1961	日本C.H.ベーリンガーゾーン	単独	
Bristol-Myers	米国	1961	ブリストル萬有研究所	合弁	萬有製薬
Abbot Laboratories	米国	1961	ダイナボットラジオアイソトープ研究所	合弁	大日本製薬
Eli Liiiy	米国	1965	日本エランコ	合弁	塩野義
Rhone-Poulenc	フランス	1967	日瑞ローディア	合弁	(日瑞貿易(スイス資本))、(中外製薬、昭和電工)
Glaxo	英国	1968	グラクソ不二薬品	合弁	新日本実業
E. Merck	ドイツ	1968	メルクジャパン	単独	
Wellcome	英国	1971	日本ウエルカム	合弁	田辺製薬→住友化学(1977年)
Beecham Group	英国	1973	ビーチャム薬品	単独	
Pharmacia	スウェーデン	1973	ファルマシア	単独	
ICI	英国	1974	ICIファーマ	合弁	住友化学
Astra	スウェーデン	1975	藤沢アストラ	合弁	藤沢薬品
SmithKline	米国	1977	スミスクライン藤沢	合弁	藤沢薬品

出所：竹内竜介『外資系製薬企業の進化史』中央経済社、2018年、3頁。

に進出している。進出は、100％出資である単独進出や日本企業との合弁である。また、今日J&Jも含めて多くの製薬会社が日本で事業展開しているが、その市場占有率（マーケットシェア）を見てみると、2004年の場合、日本の最大手の武田薬品が8・0％で一番だが、次はアメリカのファイザー、スイスのロシュ、ノバルティス、アメリカのメルク、イギリスのグラクソ・スミスクラインと続く。他の日本企業の名は出てこない。しかし、2019年では武田薬品26・4％、アステラス製薬10・4％、第一三共7・9％、大塚HD 7・4％、エーザイ5・6％と日本勢が多い（日本製薬工業協会の調べ）。

2 日本進出の発展と現況

J&Jが海外進出したのは、1924年にイギリスに拠点を置いたのが最初である。そして日本に同社の商品が初めて登場したのは、それから34年後の1958年である。この年、イギリスのJ&Jの日本総代理店であったコーンズアンドカンパニー内にJ&J部が設置され、ここを通じて同社の製品が販売されることになった。ここでの製品といえば「ジョンソン　ベビーパウダー」である。ベビーパウダーは、母子ともに安全な出産をサポートするマタニティキットの1つとして、J&Jの名を一躍有名にした歴史的な製品である。これは、すでにアメリカだけでなくヨーロッパでもベビー関連用品の定番になっていた。1958年ごろといえば、次の年の4月には当時の皇太子

(今の上皇）のご成婚等の影響もあり、出生率も堅調に推移していた。また、この年には「ジョンソン　ベビーオイル」、救急絆創膏である「バンドエイド」も発売された。

１９６１年には「ジョンソン・エンド・ジョンソン・ファーイースト・インコーポレイテッド」を設立し、直接販売に乗り出した。11年後である１９７２年には福島県須賀川市にJ＆Jの本格的工場を建設、１９７８年にはコンシューマー向け商品を扱う「ジョンソン・エンド・ジョンソン株式会社」を設立した。

また、１９８３年には、グループで現在は最大の売上を誇る「ジョンソン・エンド・ジョンソン・メディカル株式会社」が設立された。この会社が扱う製品は、J＆Jの主要事業である外科系統の製品（例えば手術用の器具など）である。進出当初は主にベビーパウダーやバンドエイドなどの一般消費者向けの製品を扱っていたが、メディカル事業は病院向けの製品であり、専門的知識を持った人材の確保も必要になってきた。

J＆Jはもともと製薬会社として創業したのではなく、われわれが負傷した場合にケアする製品を主な事業にしてきた。その製品の事業領域（ドメイン）はわれわれの健康にかかわるヘルスケアであり、当然マーケットである病院や薬局とも関係する。同社はその事業領域を製薬へと広げ、ベルギーのヤンセンファーマを１９６１年に買収し、ファミリーカンパニーの１つとした。

そこで日本でも製薬事業を行うべく、１９７８年にJ＆Jと協和発酵工業株式会社との合弁で「ヤンセン協和株式会社」を設立した。

1991年には日本初の使い捨てコンタクトレンズ「アキュビュー」を発売、1992年には須賀川工場内に次世代の手術方法を支援する「エチコン研究センター」を設置した。また、ヤンセン協和は1996年、静岡県の富士工場を建設する。

図表6－2はJ&Jの日本での主なる歩みをたどったものである。

そして、現在の日本J&Jには3つのカンパニーが置かれている。

ジョンソン・エンド・ジョンソン株式会社

設立：1978年
資本金：80億円
従業員：2404名（2020年12月31日現在）
事業：3カンパニー制
コンシューマーカンパニー：消費者向け健康関連製品の輸入、製造販売
メディカルカンパニー：医療機器、医療関連製品の輸入、製造販売
ビジョンケアカンパニー：使い捨てコンタクトレンズ製品の輸入販売
工場：福島県須賀川市
研修施設：須賀川工場内に医療従事者のプロフェショナルエデュケーションション開設。東京サイエンスセンターを川崎に開設。

図表6-2　日本J&Jの主なる歩み

1958年	●イギリスJ&J社総代理店コーンズアンドカンパニー内にJ&J部を設立
1959年	●救急絆創膏「バンドエイド」、「ベビーパウダー」を日本市場に紹介
1960年代	●「J&Jファーイースト・インコーポレイテッド」を設立、本格的国内生産開始 ●横浜市戸塚区に工場完成
1970年代	●外科向け医療品を扱うホスピタル事業開始 ●福島県須賀川工場完成 ●「日本ジョンソン・エンド・ジョンソン株式会社」設立 ●アメリカJ&Jと協和発酵工業との合弁で「ヤンセン協和」設立
1980年代	●リーチ歯ブラシ発売 ●エチコンホスピタル事業を独立させて「J&Jメディカル」設立 ●日本で開発された医療用マスク「サージカルフェイスマスク」発売 ●J&J株式会社25周年、アメリカJ&J　100周年 この時期に多くの最先端医療用機器の導入、発売
1990年代	●日本初の使い捨てコンタクトレンズ「アキュビュー」発売 ●吸引留置カテーテル発売 ●須賀川工場拡張、エチコン研究センター開設 ●日本発の冠動脈ステント発売 ●世界初の1日使い捨てコンタクトレンズ発売 ●ヤンセンファーマ富士工場完成 ●J&Jメディカルが合併、現在のJ&J株式会社となる
2000年代	●「ヤンセン協和」がJ&Jの全額出資の会社になる ●武田薬品との販売提携実により解熱鎮痛剤「タイレノール」発売 ●株式会社デピュージャパンがJ&J株式会社と合併、J&Jビジョンケアインスティテュート設立 ●ファイザー株式会社コンシューマーヘルスケア部門買収 ●「バンドエイド」日本発売50周年 ●大阪デピューエデュケーションセンター開設 ●ヤンセンファーマが6つの新製品を発売 ●東京サイエンスセンター開設（川崎）

出所：J&J本社提供資料をもとに筆者作成。

図表6-3　J&J株式会社の近年の業績推移

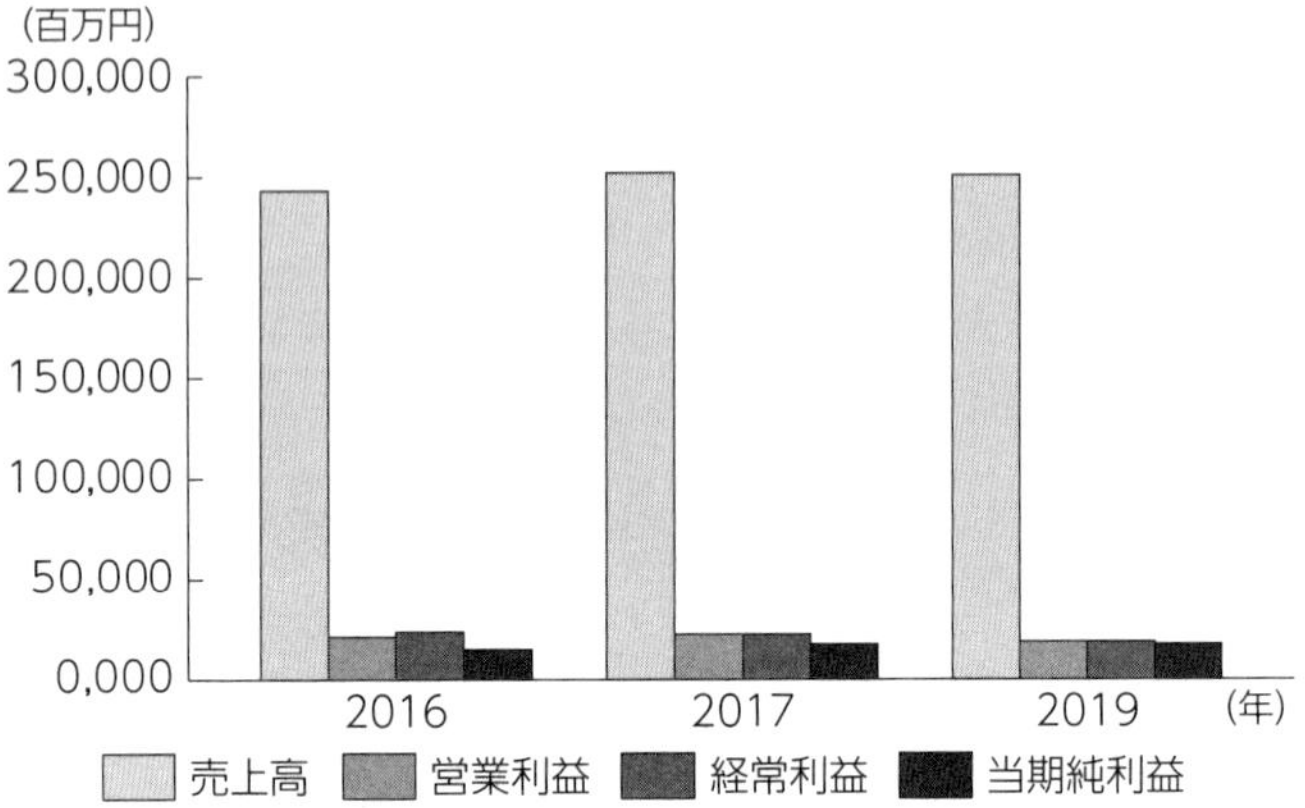

出所：グラフで決算ウェブサイト（https://gurafu.net/jpn/johnson-japan）。

近年の業績推移：2019年は2513億円である（図表6－3）。

また、医薬部門であるヤンセンファーマは1978年協和発酵との合弁で発足したが2002年からはヤンセンファーマ株式会社になり、グループ会社として日本J&Jと同じ東京に置かれている。

ヤンセンファーマ株式会社

設立：1978年ヤンセン協和（株）として発足、2002年ヤンセンファーマ（株）に社名変更

従業員：約2500名（2021年1月1日現在）

事業：医療用医薬品および医薬関連製品の開発、製造販売

工場・研究所：静岡県駿東郡長泉町

3 日本J&Jとの出会い

(1) ニューブランズウィックの本社訪問

J&Jとの出会いは、1985年の5月、一般社団法人企業研究会主催の「国際経営研究プロジェクト」のコーディネーターであった筆者が、プロジェクトのチームメンバーとともにニューブランズウィックのJ&J本社を訪問したときである。当時の本社の建物は今の近代的ビルとは異なり、アメリカの大学図書館でも思い起こさせるクラシックな建物であった。世界に君臨するグローバル企業でありながら「小さな本社」であるという印象が残っている。

訪問目的のテーマは"Discussion with Japanese Businessmen"、これは一方的なJ&J側からのプレゼンテーションではなく、相互交流によって日本の経営の現状について意見交換をすることであった。先方からは4名のエグゼクティブ・コミッティーのバイスプレジデントが対応してくれた。Robert E. Campbell (Finance)、John J. Heldrich (Administration)、Frank D. Angeli、Herbert G. Stolzerの各氏である。このときの報告書は、一般社団法人企業研究会「欧米多国籍企業の経営と組織」

（1986年所収）にある。

会議後は、本社に近いハドソン川沿いにたたずむ瀟洒なゲストハウスでの昼食会が用意されていた。その後本社近くのバンドエイドの工場を訪問し、アメリカ人の働く姿を目の前で見ることができた。工場全体は白に統一され、清潔で、さすがヘルスケアの会社だと感じた。工場入口には高々と「我が信条」が掲げられていたことが強い印象である。1985年ごろといえば「プラザ合意」による急速な円高に進む時期であり、貿易不均衡による対米貿易摩擦が起きている時期だった。日本企業も自動車産業を中心にアメリカに工場をつくり始め、日本企業の存在感が拡大していた。アメリカ企業が日本企業に警戒感を抱き始めた時期ではあったが、J&Jはわれわれ訪問団を歓迎してくれた。

他方、このころJ&Jの日本進出ではコンシューマー事業からヘルスケア事業へと拡大し、日本市場での本格的事業展開を始めた時期である。アメリカ本社の訪問をアレンジしてくれたのは、当時の日本J&J社長の新将命氏である。（新氏は日本コカ・コーラの社長を経て、得意の英語力とマネジメント力を活かして日本J&J社長になった。退任後、キャリアを活かしてコンサルタント、講演活動、経営書の執筆等を精力的に行い活躍している。豊富な経験を基にした経営書は「生きた経営学」の教科書として多くの読者層を得ている。高齢にもかかわらず、いつもフレッシュに挑戦する姿は1つのライフスタイルとして学ぶことが多い。）

筆者がJ&J本社を初めて訪問した1985年当時の事業規模は、約60億ドル、従業員7万

８６００人である。また、事業としてはコンシューマー用品、プロフェッショナル用品、医薬品および産業用品の４つの分野に分かれていた。当時はコンシューマー用品が最も大きな部門であり、主な製品はベビー用のシャンプー、オイル、パウダー、ローションなどの伝統的製品である。有名なバンドエイドは、１９２１年に商品化されて以来不動の地位を占めていた。その他、女性用の衛生用品や頭痛薬「タイレノール」が有名である。プロフェッショナル用品としては、防腐性の殺菌した外科用品、外科手術用のキャップ、ガウン、手袋、精密機器、診断用機器、歯科用品、獣医科用品などである。医薬品では処方用医薬、避妊薬、治療薬がある。産業用部品は、最も小さい部門であるソーセージのケーシング、天然および合成繊維、工業用テープが挙げられる。当時の会社の特徴は分社経営であり、国内25社、海外１３３社の合計１５８社からなり、従業員は７万８６００人である。製品別売上ではコンシューマーが43％、メディカルが34％、医薬が19％、産業用が４％である。また、当時の海外進出国は54カ国で、『Forbes』誌の全米売上ランキングでは90位である。参考までに当時のコーポレートの組織体制は次のとおりである。（図表６－４）

図表6-4　1985年当時のJ&Jの本社組織

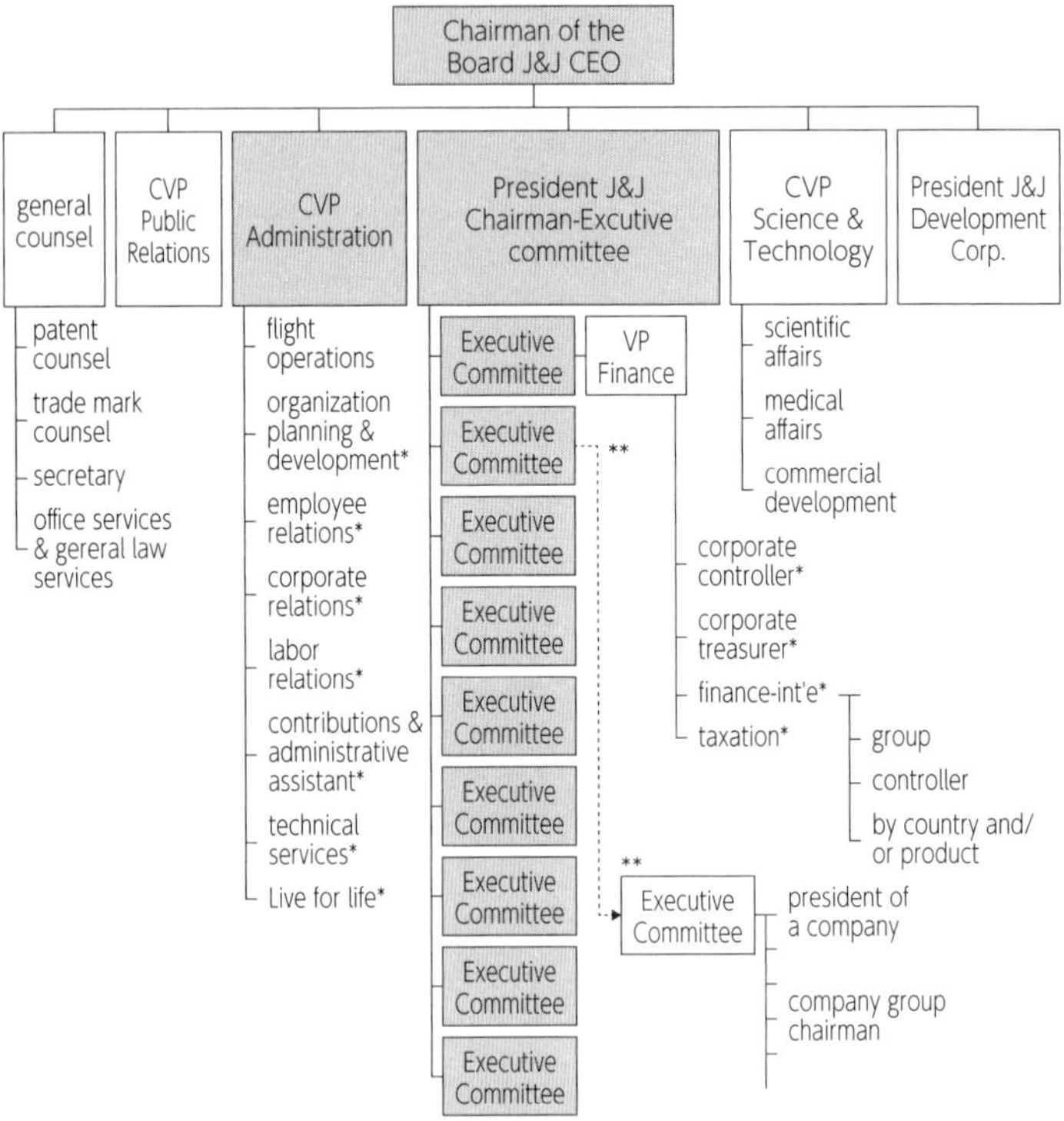

注：グレーの部分：Executive Committeeメンバー
　CVP：chief vice president
　VP：vice president
　*：corporate staff
　**：上から2番目以降8名のExecutive Committeeメンバーは、点線矢印以降のように同じ組織を構成する。
出所：一般社団法人企業研究会『欧米多国籍企業の経営と組織』1986年。

(2) ビジネス倫理の研究を通じて

１９９３年に筆者らは日本経営倫理学会を創設した。その設立の2年前に準備期間として研究者、実務家、ジャーナリストからなる少人数の「経営倫理を考える会」を組織した。

そこで経営倫理を企業の現場でどう考えているかを調査するために「経営倫理綱領研究部会」を設けた。このときにアメリカ企業の日本での経営倫理の事例研究として、ゼネラル・エレクトリック（ＧＥ）、テキサス・インスツルメンツ（ＴＩ）、アイビーエム（ＩＢＭ）、ヒューレット・パッカード（ＨＰ）、デュポン（DuPont）、スリーエム（３Ｍ）、エッソ（Esso）、そしてＪ＆Ｊを訪問調査した。[1]

このときの日本Ｊ＆Ｊの社長は廣瀬光雄氏であった。廣瀬氏は同社のバイブルともいえる「我が信条」を詳しく説明された。そこで強い印象に残ったのは、「我が信条」の遵守を全社員に対して行う「クレドーサーベイ」の１００項目近い質問項目である。さらには「チャレンジミーティング」と称して幹部社員が「我が信条」の遵守を自ら問うことの徹底ぶりである。

インタビューの最後に廣瀬氏は、「我が信条」を見ると社員に対して優しい会社のように受け取られるが、実際は非常に厳しい責務が課されている、と述べられた。地域社会に対する責任も、必ず果たさなければならない「Must」の要件であり、それを果たさなければ社長はマイナス評点になる。「我が信条」を裏返せば、実際は社員１人ひとりに厳しい目標が課せられているとい

1　この研究成果は、高橋浩夫編著『日米企業のケース・スタディによる経営倫理綱領の制定と実践』（産業能率大学出版部、1998年）にまとめられている。

える。1990年代初めから日本の産業界で次々と不祥事が起き、日本経団連は企業行動規範の制定による経営倫理の遵守を促したが、この際もJ&Jの「我が信条」が注目された。

この訪問を機に、世界250社に及ぶファミリー企業を束ねる「我が信条」に対し、経営倫理研究の視点からも関心が深まった。このとき筆者は日本経営倫理学会長の責務として年1回の「経営倫理シンポジウム」を開催していた。そこで筆者がコーディネーターとなり、「経営倫理と事業ミッション」の題で当時の日本J&J社長、デイビッド・パウエル氏（David W. Powell）とYKK株式会社社長、猿丸雅之氏を迎えてシンポジウムを開催した。

パウエル氏はアメリカ人であるが、日本の前は韓国での社長をしていたこともありアジアのビジネスカルチャーをよく知っていた。英語でのプレゼンテーションだったが、専属の通訳も同行し、「我が信条」の社内共有の仕組みを一層深く理解することができた。

YKKも、創立者である吉田忠雄の「善之巡環」を全社員が共有する行動基準が有名だ。これは、吉田忠雄がアメリカの鉄道王カーネギーから学んだ「他人の幸せなくして自分の幸せなし」とする考え方であり、J&Jの「我が信条」と基本的に考えを同じくするものである。猿丸氏は、企業ミッションである「善之巡環」の全世界の事業所での共有の仕組みを詳しく語られた。両社とも世界各国に進出するグローバル企業であり、その根底にはどこに行っても揺るがない強い経営理念がある。

(3) 須賀川工場訪問（２０１０年5月）

Ｊ＆Ｊとの３度目の出会いは、福島県の須賀川工場訪問である。当時奉職していた白鷗大学で、「日本の経営を現場に見る会」を授業の一環として設けていた。これは特に海外からの留学生が日本の工場の現場を見る機会として、年２回実施していた。

須賀川工場は東北自動車道の須賀川インターチェンジから10分ほどのところにあり、広大な敷地の中にある白い美しい建物が印象的である。「我が信条」では社員に対する責任を掲げており、オフィス環境や工場内でも社員への心配りが細かく定められている。

当時の工場長であった小林利彰氏が最初に説明されたのは「我が信条」であり、その信条の１つとして地域社会の貢献が工場の責任であることを語った。須賀川工場はＪ＆Ｊの日本の唯一の工場であり、ここでは当時、バンドエイドやベビーオイルなどのコンシューマー向けの商品のほかに、主に病院向けのヘルスケア商品をつくっていた。

(4) 須賀川工場長へのインタビュー（２０２０年11月）

インタビューは２０２０年11月13日（金）午前に行われた。このときは新コロナウイルス感染予防の観点から工場訪問はできないため、オンラインによるインタビューとなった。鈴木千尋工場長にはこの時点での工場での取り組みについて伺った。

福島県にある須賀川工場は工場設立から30年ほど前になるが、ここに立地を決めたのは「我が信条」に沿って社員、地域社会、そして物流の側面から総合的に検討した結果だという。ただ、公園の中に工場を建てられるような広い敷地が、立地条件における最大のプライオリティであった。須賀川工場は、東京から東北自動車道で約2時間強、須賀川インターチェンジを降りて10分ほどのところにある。工場の入口の手前には運動ができるグランド、隣にはテニスコートがあり、そこからは工場の建物が見えない。敷地面積は約18万平方メートル、東京ドームの約3倍である。自然環境豊かな森の中にあり、工場は白と青を基調とした外壁で囲まれている。ここに従事する社員は現在約300名で、ほとんどの社員は近隣に住んでいる。

工場が設立された当初はバンドエイドやベビーパウダーなどのコンシューマー向けの製品をつくっていたが、今これらの製品は中国やベトナム等に移管されている。現在、須賀川工場で主につくっているのはメディカルデバイス分野である、①手術用縫合糸、②酸素濃度測定装置心臓、③手術用不織布類、殺菌消毒剤、粘着マット、④プラスチック製の眼内レンズ、⑤ニューセラミックによる人口歯、⑥人口包装材料である。ただ、ここはそれらの器具を全部最初からつくるというよりも、世界のJ&Jグループのマザー工場でつくられたものを組み立てたり、日本市場向けに改良したりする工場である。業界用語では「流通加工」と呼ばれる分野である。

「我が信条」の工場での浸透に関して、鈴木工場長は、顧客、社員、地域社会の3つに関しては直接的なかかわり合いを持ち、須賀川工場は「我が信条」を体現しているところだと述べる。また、

4つ目の株主への責任については、これら3つの責任を果たすことによって自ずと株主への責任につながっていると語った。

顧客への責任に関してはまず責任ある製品をつくること、社員に関しては社員が誇りを持って働ける工場であること、地域社会に関しては須賀川という場所と共にあるということである。特に社員の部分では、2年に1回行われる「クレドーサーベイ」で工場従業員のほとんどが質問に答えている。それは同時に工場長への評価にもつながり、工場長にとってもそのときが一番緊張する時期だという。その評価を基に反省点を踏まえ、次のアクションへと結びつけるのが“Credo Action”である。

また、「我が信条」における環境、安全衛生に関する責務である「働く環境は清潔で、整理整頓され、かつ安全でなければならない（第二の責任）」、「使用する施設を常に良好な状態に保ち、環境と資源の保護に努めなければならない（第三の責任）」を基本に、積極的な環境、安全衛生活動を実施している。特にJ＆Jでは、ワールドワイドな環境（Environment）、健康（Health）、安全（Safety）の推進を考えるEHS＆S（Environmental Health Safety & Sustainability）が地球環境の保全や安全と健康の推進のためにリーダーシップを発揮するとともに、グループ各社の社会的責任の遂行と持続可能な成長を目的に活動している。須賀川工場では環境美化活動をはじめ、所定労働時間における職場内禁煙、安全運転の推進を図る Safe Fleet の活動などが行われており、持続可能な社会と環境のための努力が続いている。

ＳＤＧｓ（持続可能な開発目標）に関しては、全世界のファミリーカンパニーが共有し、工場レベルでは同社が５つの領域（①環境衛生、②世界的な病気の課題、③必要な手術、④女性と子どもの健康、⑤医療従事者）を定めているが、その中でも①の環境衛生は工場と直接的なかかわり合いを持つことから特に力を入れている。具体的には、２０１０年に訪問したときにはなかったソーラーパネルが多く取り付けられ、将来的には工場の電力がそこで賄えるよう目標値を決めているなどの取り組みを行っており、これは地域社会への貢献でもある。

地域社会への貢献は多種多様な形で行っている。工場は地域社会に開放して小学生から大人まで見学可能にしている。また、福島にある県立医科大学の学生に手術用の模擬器具を貸し、医療従事者の訓練の場として人材育成につなげるといった形で貢献している。

4 玉井孝直社長へのインタビュー

(1) ＭＢＡの取得を活かして

日本のＪ＆Ｊは東京の学生街や本屋街として有名な神田の高層ビルにある。１階のレセプションに入ってまず目にするのは、高らかに掲げられている日本語と英語の「我が信条」である。初めての訪問者はまずこれを見てＪ＆Ｊの経営について強いインパクトを受けるに違いない。日本の企業でも、経営理念や経営方針が短い言葉で本社受付前などに掲げられているのを見ることはあるが、「我が信条」はその理念や方針をより具体的に、また責務の形を表すように「〜しなければならない」と記しており、そのメッセージの強さを感じる。

ジョンソン・エンド・ジョンソン株式会社代表取締役の玉井孝直氏は、大学卒業後日本のグローバル機械メーカーである日本精工に就職し、営業、経営企画、サプライチェーン部門の業務に就いた。また、在職中に国際大学の国際経営学研究科修士課程でＭＢＡを取得している。

国際大学はわが国では初めての英語による本格的なビジネススクールで、日本の経済界の支援によって１９８５年に設立された。当時は国際化に対応する人材育成として海外ビジネススクールへの企業派遣が徐々に大手企業の間で始まったころである。国際大学は新潟県の浦佐にあり、東京から新幹線で1時間半ほどの田園地帯にある。そのため、学生のほとんどはキャンパス内の寄宿舎で生活する。海外からの教授陣、留学生も一緒に過ごすため自然と国際感覚が磨かれるようになっている。筆者もゲストスピーカーとして何回招かれたことがあるが、日本にいながら英語によるビジネススクールのでＭＢＡを取得できるとあって注目されている。

玉井氏のそこでの2年間の経験は、今日の日本Ｊ＆Ｊ社長としての業務に活かされている。玉井氏がその後、２０００年にＪ＆Ｊに転職することになった際に偶然目にしたのは、新将命氏が書いた経営に関する著書だったという。新氏は本書でもすでに触れたように日本Ｊ＆Ｊの社長であった方である。

新氏はこれまで多くの経営に関する著書を出版しているが、どれも実務家にとっては「生きた経営学書」として多く読まれている。玉井氏はジョンソン・エンド・ジョンソン　メディカルカンパニーに入社し、その後アメリカ本社を経て２００５年に経営企画部長、２００７年にファイナンス担当バイスプレジデント兼ＣＦＯ（Chief Financial Officer）、２０１０年に日本を含むアジア太平洋地域のバイスプレジデント兼ＣＦＯ（シンガポール勤務）、帰国後の２０１２年にメディカルカンパニーエチコン（外科向け医療機器）事業部バイスプレジデントに就任、２０１７年からは日本を含むアジア太平洋地域のエチコン事業を統括するバイスプレジデントに就任し、２０１８年９月より現在の日本Ｊ＆Ｊの社長に就任した。約20年にわたるＪ＆Ｊ日本法人の経験を経て社長に就任したことになる。

(2)「我が信条」を羅針盤として

Ｊ＆Ｊは１９６１年に日本に進出し、当初はバンドエイドやベビーパウダーなどコンシューマー用品が主な製品で規模も小さかったが、今や社員はジョンソン・エンド・ジョンソン株式会社全体で２４００人規模になり、売上も飛躍的な発展を遂げてきている。これは日本の経済発展に伴う医療事業規模の拡大と高齢化社会に伴うメディカル製品への需要拡大と考えられる。グループ企業の１つであるヤンセンファーマは、日本では別会社になっている。日本のヤンセンファーマは社員数２５００人規模で日本Ｊ＆Ｊと同じビルにあるが、工場は静岡県の富士山麓にある。

日本Ｊ＆Ｊのメディカルカンパニーの社長である玉井氏の前任は日色保氏、その前はデイビッド・パウエル氏、松本晃氏、廣瀬光雄氏であり、パウエル氏以外は日本人社長の下で経営が行われている。Ｊ＆Ｊの経営姿勢である自律的事業単位の下で、その国の経営状況を一番知っている人材を用いるという、経営の現地化が人材を含めて徹底している。

インタビューの中で玉井氏は、Ｊ＆Ｊで一番の強みは「我が信条」であると述べる。玉井氏自身も「我が信条」に感銘してＪ＆Ｊへの転職を決めた１人だが、改めてこれを徹底する同社の経営に誇りを持っているという。２年に１回の「クレドーサーベイ」も、直近では２０２０年８月から９月にかけて行われた。これは全世界の社員に対して一斉に行われるが、経営層、社長も調査に答えることになっており、その結果をみんなで共有して次の改善へとつなげていく。

玉井氏はエチコン事業部という外科向けの医療機器の事業部長を務めたこともあり、Ｊ＆Ｊの核となる事業責任者でもあった。これらの医療機器を扱う工場は福島県の須賀川にあるが、ここでは生産ラインでの部品や機械の生産ではなく、世界各地の生産拠点で生産された先端的な医療機械を日本に輸入し、それを日本の医療環境に適応するよう設計調整や改良などを行う。日本の医療環境においては顧客の要求レベルが高く、それに対応した医療器械をつくらなければならない。世界的にも繊細で丁寧といわれる日本の外科医の意見を取り入れた製品開発を行ってきたが、今後も日本の医療現場の知見をグローバルな製品開発に活かし、日本発のイノベーションをさらに推進して世界の医療の質の向上に貢献していきたいと玉井氏は述べた。

「我が信条」の第一の責任である「顧客への責任」では、医療器械はその使い方によっては直接的に命にかかわることだけに、その製品に対して多大な責任を持っている。

また、日本のJ&Jで今力を入れている取り組みの1つにダイバーシティ&インクルージョンがある。性別、人種、民族、障害の有無などにとらわれず、多様性を取り入れて1人ひとりが最高のパフォーマンスを発揮できる環境づくりに取り組むという。これは「我が信条」の第二の責任に根ざしている。

第7章

SDGsを考える経営倫理的視点
——CSR、CSV、ESGの流れ

1 ＳＤＧsを考える経営倫理的視点

近年の経営を語る言葉として、ＣＳＲ、ＣＳＶ、ＥＳＧ、ＳＤＧsが一般化してきている。特にＳＤＧsは、２０３０年までに到達すべき17の目標についてカラフルなロゴマークでわかりやすくわれわれに語りかけている。

ＳＤＧsは、つまり持続的な（Sustainable）開発（Development）、目標（Goals）を世界で協力してを達成しようとする課題である。ＳＤＧsはこれからの社会が持続的に発展するための課題を国連が採択した目標設定である。

１９８０年の「ベルリンの壁」崩壊後、旧社会主義国も市場経済体制に変革したことで経済競争が激しくなり、結果としてさまざまな社会問題が顕在化した。ＳＤＧsは基本的にこれからの社会が持続的に発展するためにはどのような課題に取り組まなければならないかを制定したものである。これは1つひとつがグローバルな課題であり、各国の協力なしにはその達成が不可能である。

しかし、何といっても経済活動の最前線に立つ企業の強力な支援が必要である。サステナブルな社会であり続けるためにはどのような方策が必要かというのが「サステナビリティ経営」の問いかけであろう。ＳＤＧsの背景には、企業と社会との関係、それも今日のグローバル化した企業と社会との関係が問われている。このような関係については、ＳＤＧsの前にはＣＳＲ、ＣＳＶ、そして近年ではＥＳＧが頻繁に取り上げられている。ここではそれらの言葉の背景を整理し、ＳＤＧsの本質を踏まえてＪ＆Ｊの「我が信条」との関連を考えたい。

筆者は１９９３年の日本経営倫理学会の創設に加わり、今日までさまざまな角度から経営倫理研究の意義を学んできた。折しも日本経済はバブル崩壊に起因する企業業績の停滞期にあり、さまざまな不祥事が起こった。この状況を危惧した日本経団連は「企業行動憲章」を制定し、産業界に憲章の遵守を要請した。これらの危惧すべき不祥事が経営倫理への関心を引き起こし、学会としてはタイムリーな創設となった。

英語でいえばスキャンダル（Scandal）である企業不祥事は、粉飾決算、利益供与、賄賂、インサイダー取引、独禁法違反、総会屋対策等がその代表的行為である。これらは商取引法で禁止されている法律違反であり、違反すれば法の裁きによって制裁を受ける。法治国家である先進諸国の国々はどこも同じであり、この仕組みによってわれわれの自由と秩序が保たれている。

しかし、これらの不祥事による違反行為によって、なぜ経営倫理が問われるのであろうか。倫理と法律との違いはどこにあるのだろうか。倫理は法律と違いわれわれ１人ひとりの心に潜む問題である。つまり、いわば「良心の命ずる行動規範」である。法律がわれわれの行動を律する外的規範であるのに対して、倫理はわれわれの心のうちにある内的規範である。

社会生活において重要なのは法律が先か倫理が先かということである。法律の世界では、「法律は道徳（倫理）の最低のライン」だといわれている。つまり、倫理という広い世界の中で、法律はわれわれの社会を維持していく上で最低限守らなければいけない規範なのである。したがって、先に挙げた企業不祥事は、倫理の前に問われるべき法律違反行為であるから、制裁を受けるのは当然である。（ここでは筆者は「倫理」を「道徳」に近い言葉として使っている。）

それでは、倫理、つまりわれわれの心に潜む内的規範は外的規範とは関係がないのだろうか。外的規範である法律の遵守のほかに、われわれの社会生活には社会規範がある。例えば、「村八分」という言葉がある。それはそれぞれの村、つまりコミュニティで共有される社会規範に背いたら追放されることを意味する。内的規範である倫理を社会的規範に合わせるという1つのルールがあるのである。社会規範は、それぞれの社会が成り立っている国や地域の歴史的、文化的背景により考え方の違いがある。

社会規範をもう少しわかりやすくいえば、われわれがその社会で持っている共有の価値である「常識（コモンセンス：Common Sense）」であると考えられる。われわれは社会的なつながりの中で生きるために、社会規範である「常識」を暗黙のうちに心得て生活を営んでいる。つまり、倫理もよく考えれば常識の領域である。さまざまな企業不祥事は、われわれの常識から考えても誤った行為であり、倫理にかかわる問題である。

それでは、法律と倫理、常識との関係はどうであろうか。法律はそれほど難しく専門的なものだろうか。

アメリカでは陪審員制度（Jury System）といって、一般人が裁判に加わる裁判制度が伝統的に行われてきた。また、わが国でも2009年から裁判員制度が導入され、一般市民が裁判に加わることになった。このことからも、たとえ法律による裁きといっても、一般人の常識的判断は法律で考える判断とはそれほどかけ離れたものではないといえよう。それを踏まえ、次のような関係が考えられる。

法律≒常識≒倫理

つまり、社会で生きる上で最低限共有する法律は、常識から考えてみれば、倫理とも隣り合わせの関係であるといえる。

2 企業と社会との関係の進化

ここで考えなければならないことは、法律も社会経済の発展とともに改正されたり新しい法律が制定されたりと進化していることである。同時に、社会経済の発展によって、社会規範や倫理も進化している。過去には常識とされていたものが今では通じないものはいくつもある。法律も常識も、時代の変化とともに進化している。

日本経済の高度成長期といわれた時代は経済活動が優先され、企業活動においては少々の非倫理的行動も「会社のために行った」として、個人の責任まで追及されなかった。しかし、多くの企業の不祥事を経て（例えば1993年の改正商法により株主代表訴訟が提起されやすくなったように）、非倫理的行為に対しては個人の責任が追及されることになったのである。

つまり、今はたとえ会社のためといっても社会の正義から見て許されない行為は制裁を受けるのである。今はまず企業ありきでなく、まず社会ありきである。企業と社会という並列の関係ではなく、社会の中で企業をいかに健全に発展させるかが問われている。

筆者は経営倫理に関して、過去の常識と今の常識とは違う、つまり20世紀の企業人格と21世紀の企業人格は違ってきていると考えている。まさに、ハーバード大学教授で経営倫理研究の第一人者である、リン・シャープ・ペイン（Lynn Sharp Paine）のいう「バリューシフト」である。

それでは何がバリューシフトなのだろうか。それは、20世紀の産業中心社会での「企業の価値が社会の価値を決めた（Business Value becoming Social Value）」ことから、21世紀である今の「社会の価値が企業の価値を決める（Social Value becoming Business Value）」ことへの変化である。

図式化すると次のようになる（図表7－1）。

20世紀、工業化の進展によって先進諸国といわれる国々は飛躍的経済成長を遂げた。人々の生活水準は向上し、数字でいう1人当たりの国民所得（GDP）も上がった。日本もその指標の下、最高位の経済大国と称されてきた。

かつて社会主義国といわれた旧ソ連や中国などの国々も、1989年11月のベルリンの壁崩壊を

図表 7-1　20 世紀と 21 世紀の企業人格の違い

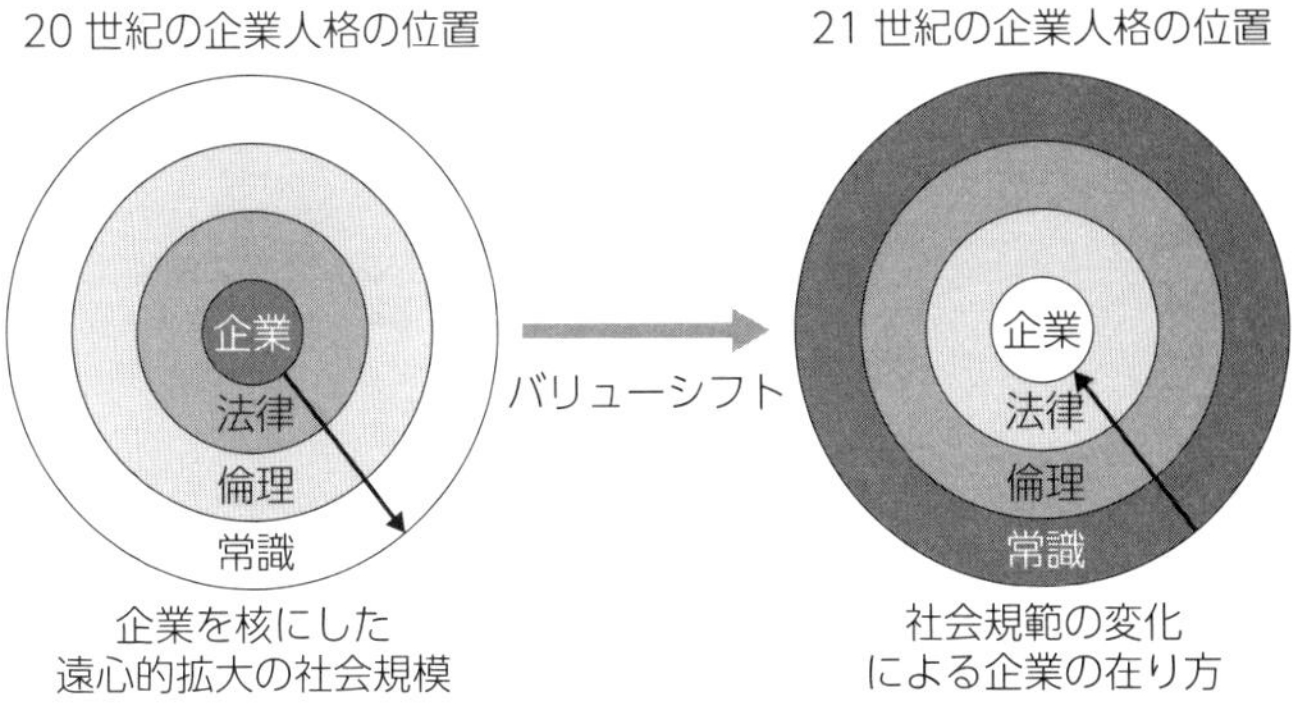

		20世紀の企業人格	21世紀の企業人格
社会規範	法律	企業に対する法規制は比較的ゆるやか	企業に対する法規制の強化 グローバル経営行動規範の強化
	(企業)倫理	企業活動の部分的認識	企業活動の全体的認識
	常識	ステークホルダーの影響小 —企業が核—	ステークホルダーの影響大 —市場の進化—
企業経営の基本	基本思想	経済活動・企業のプライオリティ優先	社会・環境との共生と創造
	社会責任	企業活動の一部	企業活動の全体戦略
	経営認識	企業を核にした遠心的拡大	社会規範の変化による経営思想
	企業目標	経済的目標の達成（資本の論理の優先）	経済的目標＋社会的目標（資本の論理＋資本の倫理）
	企業価値	見える資産（設備・建物…）	見えざる資産（ブランド・企業文化・社徳・社風…）
	企業成長	成長・拡大路線	成熟・競争の激化

出所：高橋浩夫『戦略としてのビジネス倫理入門』丸善出版、2016年。

契機に自由経済体制へと変わった。これによって世界中が競争原理を主軸とした自由経済体制の社会へと変革した。

国境を越えた経済活動が進展し、あらゆる領域でのグローバル化が進んだ。グローバル化によって経済成長を遂げた国々やそれによって多大の富を得た人々と、そうでない国々や人々との格差が生まれた。グローバル化は経済格差だけではなく、工業化による地球規模での環境汚染や排気ガス問題、温暖化現象、水質汚染、気候変動といった問題をもたらし、さらに今回の人類最大の危機ともいわれる新型コロナウイルス（ＣＯＶＩＤ－19）が不安の影を落としている。グローバル化により、一国で起こった問題が世界中を巻き込む事態へと広がることになった。

世界における経済発展を目指した競争原理の導入は、ここにきて大きな弊害を引き起こしている。これは一国だけで解決できる問題ではなく、世界の国々が一緒になって取り組まなければならない地球規模の課題である。この解決には、経済活動の最前線に立つ企業の支援と協力が不可欠である。

3　CSR、CSV、ESGの流れとは

（1）CSRとは何か―ヨーロッパと日本の認識

筆者が1993年に日本経営倫理学会を創設したころの研究発表は、産業界での不祥事の多発を受けてその要因や会社制度の仕組み、企業行動基準の制定的枠組みに関する問題が多かった。しかし、2000年代になるとCSRが経営倫理の中心的テーマかと思うほど、盛んに取り上げられるようになった。学会活動でもCSR研究部会がつくられ、産学共同による研究活動が活発になった。産業界でもCSR部門の設置や担当役員の任命、CSR報告書の作成、またそれに関する書籍の出版が盛んになり、一時は「CSRブーム」とさえいわれたほどだった。

CSRはCorporate Social Responsibilityの頭文字をとったものであり、日本語に訳せば「企業の社会的責任」である。「企業の社会的責任」は、それほどわが国の産業界にあって目新しい問題なのだろうか。

半世紀ほど前、日本経済の高度成長期といわれた1960年代の終わりごろから1970年代初めにかけて、工業化の進展による工場の乱立により大気汚染や海水汚染が起こった。また、自動車による排気ガスによって空気が汚れ、人体に危険が及ぶほどになった。このときに、企業は利益追

求のために社会を犠牲にしてまで経済活動を続けていいのかということが問題になった。企業は何のために存在するのかが、厳しく問われたのである。

こうした事態に産業界は立ち上がり、当時、経済同友会の代表幹事だった東京電力社長の木川田一隆は「企業の社会的責任」の自覚を産業界に問いかけた。これを契機に、工場立地の環境規制や汚染物質の排水規制、車の排気ガス規制等が次々と強化された。つまり、このころすでにわが国でもＣＳＲでいう「企業の社会的責任」が問われ、そしてそれを果たそうという動きがあったのである。

それでは、今日の英語の「ＣＳＲ」と日本語の「企業の社会的責任」は何がどう違うのであろう。ＣＳＲ元年といわれる時期は２００３年であり、ヨーロッパが最初であるとされている。ヨーロッパはアメリカのビジネス文化と違い、キリスト教主義に基づく資本の論理とは相いれないことから、以前から企業が社会との関係について問われてきたことが背景にある。ＣＳＲの先駆けとなる、企業の道徳的価値観を問うコー円卓会議（Caux Roundtable）がスイスのコーで行われたのは１９８６年である。

また、日本、アメリカ、フランス、イギリス、ドイツ、オランダ、スイス、イタリア、アイルランド等の世界の有力経営者が集まり、企業と社会との関係を議論し、１９９４年には「企業の行動指針」を採択した。ここでは株主、ステークホルダー、環境、人権問題についてのＣＳＲの意義が共有された。日本からは当時のキヤノン社長の賀来龍三郎氏が参加し、「共生」の理念を訴えている。[1]

ＣＳＲはこのように、ヨーロッパの根深いビジネス文化を背景に多様な経営者ネットワークの中で議論されてきた。その流れの中でも、ドイツとフランスの企業が中心となって今日の経済社会の在り方を根本的に問う問題を提起した。ドイツ、フランスは同族企業も多く、今日の経済体制の在り方がやがては自国の危機へとつながると認識した。この背景には、１９８９年のベルリンの壁の崩壊を契機に、東ヨーロッパ諸国が西側諸国の経済体制へ移行したことによる経済競争がある。

結果として、ヨーロッパでは経済競争によるさまざまな弊害が社会問題化した。経済活動を優先する一方で、さまざま社会的、人道的問題が浮上してきた。この問題はわが国で１９７０年代に騒がれた「企業の社会的責任」問題とは異なる。震源地はヨーロッパであり、問題となる領域も企業活動の一部としてではなく、企業経営の根幹にかかわるものである。つまり、ヨーロッパ発のＣＳＲは、企業経営の根幹に根ざした新次元の社会と企業との在り方を問い正している。

わが国では２００３年のヨーロッパでのＣＳＲの問いかけを受けて、経済同友会（当時の代表幹事、富士ゼロックス社長小林陽太郎氏）はＣＳＲの意義を「市場の進化」と捉えた。市場の進化とは、市場において「経済性」だけでなく「社会性」「人間性」の価値も評価されるべく変わること、つまりステークホルダーからの企業に対する目が厳しくなったということである。そして、同会は企業が社会的責任を具体的アクションで示すことを促した。

1　高橋浩夫編著『日米企業のケース・スタディによる企業倫理綱領の制定と実践』産能大学出版部刊、1998年。

図表7-2　CSRの日本とヨーロッパの違い

●日本：企業の社会的責任（1960年代）からCSR（2000年代）へ

1960年代〜70年代初め	産業公害、環境破壊、欠陥商品、有害商品などから、企業の社会的責任問題が浮上する。
1970年代	第一次石油ショック後、商社による買い占めや売り惜しみに対する批判などから、企業の社会的責任が再浮上する。
1990年代	バブル経済の崩壊による粉飾決算、利益供与、損失補てん、贈収賄等の企業不祥事により経営倫理を問われ、日本経団連は「企業行動憲章」を発表し、経営倫理の遵守を要請する。
2000年代	ヨーロッパ発のCSRがグローバルな広がりを見せる。
2003年	経済同友会が企業白書において「市場の進化」としてCSRの意義を捉え、CSR部門の設置、CSR担当者の任命、CSR報告書の作成等を促す。
2020年代	CSRからSustainabilityへ、国連のSDGs・2030年目標の達成に向け日本政府、企業が共同参画。

●ヨーロッパにおけるCSRの流れ

1970年代初め	（日本で「企業の社会的責任」もこのころ）
1972年	「ローマクラブ」による人類の危機レポート発表。今日のSDGsともいえる資源と地球の有限性を指摘、経済活動の社会との調和を警告し国際社会に訴える。
1986年	企業の道徳的価値観を問うコー円卓会議がスイスのコー（Caux）で開催。その後何回かの審議を経て、1994年、企業の社会責任を問う「企業行動指針」発表。
1990年以降	東ヨーロッパ諸国の市場経済化に伴う環境、人権問題の顕在化。EU内にCSR検討会設置（経営者団体、労組、NGOが本格化）。スイスに本部を置くWBCSD（持続可能な開発のため世界経済人会議）が1990年発足。企業と社会との関係を巡るさまざまな議論、提言が本格化。
2000年代以降	ヨーロッパ、アメリカ、日本企業でのCSR認識が高まり、CSRが世界の経営の潮流になる。
2003年	ヨーロッパでCSR元年とされる。スイスのダボスで世界の有力経営者、政治家が毎年集う「世界経済フォーラム」でCSRの認識を共有することになる。

出所：筆者作成。

その具体的アクションは、CSR部門の設置、担当責任者の任命、ボランティア活動、環境への取り組み等である。これらの活動を毎年の報告書で表したものが「CSR報告書」である。CSRといえば、この報告書によってその取り組みを紹介することと捉えられがちであるが、それは活動の一部であってもCSRの本筋ではない。CSRの本筋とは、本業を通じての経済的価値と社会的価値を生み出すことである。

図表7－2は日本の「企業の社会的責任」とヨーロッパのCSRを比較したものである。

(2) CSVとは何か―ネスレ研究から

2019年、スイスの多国籍企業で「食の巨人」といわれるネスレの研究についてまとめた本を上梓した[2]。

ネスレは今、世界180カ国に販売網を持ち、工場は世界85カ国・413カ所ある。その工場のうち約3分の1は新興国とされる国である。ネスレのコーポレートスローガンは「栄養、健康、ウェルネス」であり、食の事業を通じて人々が生きる活力である栄養を得て健康になること、そして生活の快適さ（ウェルネス）を得ることを目指している。

そして、それをさらに押し進めるために、経営の基本戦略をCSV（Creating Shared Value）に置いている。日本語に訳せば「共通価値の創造」である。

「共通価値の創造」とは、経済的価値と社会的価値の同時実現、つまり社会的価値を通じて経

2 『すべてはミルクから始まった―世界最大の食品・飲料会社「ネスレ」の経営』同文舘出版、2019年。

済価値を創造するのがネスレの経営目標である。これは経営戦略論で有名なハーバード・ビジネススクール教授のマイケル・ポーター氏が提唱したことで一躍有名になった。[3] ポーター氏はネスレの社外取締役だったこともあり、ネスレもその考えを取り入れて経営のアイデンティティをCSVにしたことで産業界に広まった。

しかし、これも産業界にとってそんなに新しい考え方なのだろうか。日本企業はその創立の歴史をたどれば、国家の産業発展に資することをもともとの経営理念に掲げ設立した会社が多い。古来日本の経営には「三方良し」といって、売り手、買い手、そして社会にとって良いことを目指す経営の在り方が基本理念にあった。単に当事者である企業にとって利益となることではなく、社会にとっても利益になる、いわば「企業の社会的責任」が根底にあったのである。

2014年、アメリカの経営倫理学会（Society for Business Ethics：SBE）の会長ダリル・コーエン（Daryl Koehn）氏が来日の折、日本経営倫理学会で「アメリカ企業の創立が略奪や買収、合併などによって富を得た盗賊貴族（Robber Baron）だったのに対し、日本企業は天下国家、社会のために創立した」ことを述べた。つまり、アメリカ企業の多くは当初、盗みや不当労働による悪徳行為によって富を蓄積したのに対して、日本企業は最初から経営の倫理性、社会性を基本理念に掲げてきたことを指摘したのである。こうした指摘からも、多くの日本企業は、経済的価値と社会的価値の両面の追求を経営の根幹に置いて経営を行ってきたといえよう。

このことからすれば、CSVは何も目新しい考え方ではない。それではなぜポーター氏やネスレ

3 Porter, M.E. and Kramer, M.R., 2011, Harvard Business Review.

のCSVが取り上げられ、話題になるのだろうか。筆者はネスレの経営を追求する中で次のことがわかってきた。

ネスレは食の事業を主な柱とし、「食の巨人」といわれるほど世界に君臨している。なぜこれほど大きくなったかというと、M&Aによる業容の拡大とグローバル化である。ところが、大きな食品市場である欧米をはじめとする先進国市場はどこも成熟市場であり、将来的には大きな発展は望めないのである。日本市場もその例外ではなく、2000年代になってネスレは伸び悩んでいた。

このような状況の中でネスレが長期戦略のベースに据えたのは、成長が期待される新興国や未開発国である。これらの地域はビジネス環境としては多難であるが、将来的には成長が期待される潜在市場である。CSVをアイデンティティにするよりも前にネスレは新興国といわわるブラジルに進出し、貧困、水、食料問題等の社会問題の解決に事業活動を通じて取り組んでいた。

この事業活動によって社会問題の解決に供したことが、結果的にネスレ製品の販売拡大へとつながった。つまり、CSV経営の狙いである経済的成果と社会的成果の同時実現である。このようなブラジルでの経験とポーター氏の理論的バックグラウンドによって、CSVの考え方が生み出された。今、ネスレが掲げるCSVの重点領域は次のとおりである。

- 栄養食品：滋養に富み、おいしく、購入可能な食品、飲料をすべての所得層の消費者に提供する。

- 水：自社製品の製造に必要な水の確保と、生活インフラが整っていない地域などの住民に清潔な水を提供する。
- 地方開発：新興国でサプライヤーと消費者に密着した活動に投資し、市場プレゼンスを確立し、農村地帯のコミュニティの生活水準を引き上げる。

ネスレは平均的消費者の食品ブランドとして国際的な市場プレゼンスを確立しているが、持続的な事業成長を図るには、新たな顧客層の開拓が必要である。新興国では経済の急成長により中間所得層が育ち、ネスレの顧客が増え売上は拡大している。しかし、世界を見渡せば年間所得3000ドル以下という貧困層も多い。BOP（Bottom of Pyramid）と呼ばれるこの貧困層は、世界で30億人以上が含まれる。そこでネスレが打ち出したのが、PPP（Popularly Positioned Product）戦略である。これは新興国、開発途上国の貧困層に入り込む事業戦略であり、手ごろな価格で高品質で栄養的価値のある商品を提供することを目的としている。PPPは1992年ごろからすでに導入されていたが、全社的レベルで推進体制ができたのはCSV経営を掲げてからである。

(3) ESGがなぜ投資家の間で

ESGはEnvironment、Society、Governanceの頭文字をとったものである。日本語だと環境、社会、企業統治の意味である。「環境」では地球温暖化対策や生物多様性の保護活動、「社会」では人権への対応や地域貢献活動、「企業統治」では法令遵守、社外取締役の独立性、情報開示などを掲げている。ＥＳＧはその本来の狙いから「ＥＳＧ投資」と同意語で使われる。すなわち、これからは経済的価値だけでなく社会的価値である環境、社会との関連性、そしてそれをマネージする企業統治体制がしっかりした経営に目を向けるべきであるということである。この推進のためには、資本政策面からの後押しも必要である。

経済には実物経済と貨幣経済があるが、資本主義が進んだ現代の経済は金融経済の方が大きなウェイトを占めている。１９９０年代初頭の日本経済は金融経済（貨幣経済）だけが膨れ上がり、泡（Bubble）だけで中身（実物経済）の伴わない経済が崩壊した。

金融は経済活動の血液であり、これを調整することで経済の動き方が違ってくる。貨幣経済の核をなすものは、その具体的取引業務を担う株式会社である。株式会社は基本的に、市場から集めた資金を成長のために投資しなければならない。そのため、何に投資するかが経営戦略の基本である。

経営学者のドラッカー（Peter F. Drucker：1909-2005）が１９７０年代に「見えざる革命（Unseen Revolution）」とすでに見抜いたように、今、世界の株式市場では機関投資家が台頭している。機関投資家とは銀行や生命保険会社など、年金基金などの大きな資産を超長期で運用するところである。機関投資家は「モノ言う株主」といわれ、経営にさまざまな形で介入してくる。ＥＳＧ投資は、この機関投資家による株式投資の方向性を、長期的視点に立って社会変革のための投資に振り向けることである。

この背景には、企業の社会責任であるＣＳＲを投資の判断材料とする「社会責任投資（Social Responsible Investment：ＳＲＩ）」が２００６年に国連で採択されたことにある。この採択によって、企業がとるべき行動として「責任ある投資原則（Principle for Responsible Investment：ＰＲＩ）」を打ち出し、ＥＳＧの観点から投資するよう提唱したことが欧米の機関投資家の関心を集めるようになった。

従来の投資が売上高や利益などの過去の実績を表す財務指標を重視したのに対し、ＥＳＧ投資は環境、社会、企業統治を重視することが結局は企業の持続的成長や中長期的収益につながるという発想に基づいている。ＥＳＧ投資の主な手法には、①投資や対話を通じて、投資先企業に環境や人権問題といったＥＳＧ課題への対応を促す、②ＥＳＧ課題への対応に消極的な企業を投資先から外す、③資金の使い道をＥＳＧ関連に絞って投資、融資するなどがある。

２０１５年に国連で採択されたＳＤＧsの後押しもあって、近年ＥＳＧ投資は急速に世界に広まっている。それまでは関心を持たなかった日本でも、世界最大の年金基金である年金積立金管理運用独立行政法人（ＧＰＩＦ）が２０１５年にＰＲＩに署名したことから大手生命保険などが続いて署名し、２０２０年8月時点では85の機関が署名している。これに伴い、大手生命保険会社は貧困解消や女性の活躍などへの支援に使い道を絞った債権に投資する動きが広がっている。最近では証券会社もＥＳＧ投資に関するさまざまな商品を取りそろえ、一般顧客に勧めている。２０１９年3月現在で２４００以上の世界の機関投資家や運用会社がＰＲＩに署名し、署名した機関の合計運用資産残高合計は20兆ドル（約２２００兆円）である。

第8章

SDGsへの取り組み

1 SDGsとは何か

最近、「サステナビリティ」が産業界で課題になっている。英語ではSustainability、つまり「持続性」である。

企業は基本的に持続しなければならないことから、経営学では「継続企業体（Going Concern）」という。持続性も継続性も変わりはないが、社会の発展である持続性は今の時代、そして次の時代、そしてさらに次の時代へと引き継がれなければならない。しかし、今日の社会状況を見ると、世界ではこの持続性を危ぶむ問題が起きている。企業は社会とのかかわりの中で成長発展するが、これに警鐘を鳴らす問題が世界各地で次々と起こっている。

本書では企業と社会との関係で取り上げてきたが、ＣＳＲやＣＳＶがその課題である。そして、今ヨーロッパ、アメリカ、さらに日本企業でもＣＳＲに代わってサステナビリティが新しい言葉になっている。企業はサステナビリティの意味を深く受け止め、これから先の経済社会で持続的に成長するにはどう行動したらよいのかを考え、実践しなくてはならない。

サステナビリティは２０１５年に国連での採択で始まったものだが、その中核が「持続可能な開発目標（Sustainable Development Goals：ＳＤＧｓ）」である。ＳＤＧｓは、経済の持続的成長、格差問題、気候変動など経済、社会、環境の取り組むべき問題が17の目標と１６９のターゲットにまと

図表8-1　SDGsのエンブレム

められており、開発途上国のみならず、先進国を含むすべての国が共有しなければならない普遍的目標である。２０１８年には日本政府も国連の場でＳＤＧｓに対して１０００億円を拠出したことで、産業界も急速にこれに目を向け始めた。国連が掲げた17の目標は、ロゴマークなどによってわれわれにも身近なものになっている。（図表8－1）

17の目標

1　貧困をなくそう

あらゆる場所のあらゆる形態の貧困を終わらせる

2　飢餓をゼロに

飢餓を終わらせ、食料安全保障及び栄養改善を実現し、持続可能な農業を促進する

3　すべての人に健康と福祉を

あらゆる年齢のすべての人々の健康的な生活を確保し、福祉を促進する

4 質の高い教育をみんなに

すべての人々への、包摂的かつ公正な質の高い教育を提供し、生涯学習の機会を促進する

5 ジェンダー平等を実現しよう

ジェンダー平等を達成し、すべての女性及び女児の能力強化を行う

6 安全な水とトイレを世界中に

すべての人々の水と衛生の利用可能性と持続可能な管理を確保する

7 エネルギーをみんなに　そしてクリーンに

すべての人々の、安価かつ信頼できる持続可能な近代的エネルギーへのアクセスを確保する

8 働きがいも　経済成長も

包摂的かつ持続的な経済成長及びすべての人々の完全かつ生産的な雇用と働きがいのある人間らしい雇用を促進する

9 産業と技術革新の基盤をつくろう

強靭なインフラ構築、包摂的かつ持続可能な産業化の促進及びイノベーションの推進を図る

10 人や国の不平等をなくそう

各国内及び各国間の不平等を是正する

11 住み続けられるまちづくりを

包摂的で安全かつ強靭で持続可能な都市及び人間居住を実現する

12　つくる責任　つかう責任
持続可能な生産消費形態を確保する

13　気候変動に具体的な対策を
気候変動及びその影響を軽減するための緊急対策を講じる

14　海の豊かさを守ろう
持続可能な開発のための海洋・海洋資源を保全し、持続可能な形で利用する

15　陸の豊かさも守ろう
陸域生態系の保護、回復、持続可能な利用の推進、持続可能な森林の経営、砂漠化への対処、ならびに土地の劣化の阻止・回復及び生物多様性の損失を阻止する

16　平和と公正をすべての人に
持続可能な開発のための平和で包摂的な社会を促進し、すべての人々に司法へのアクセスを提供し、あらゆるレベルにおいて効果的で説明責任のある包摂的な制度を構築する

17　パートナーシップで目標を達成しよう
持続可能な開発のための実施手段を強化し、グローバル・パートナーシップを活性化する

しかし、ＳＤＧｓの前に、国連は２０１０年にＭＤＧｓ（ミレニアム開発目標）を採択している。

ＭＤＧｓは開発途上国の人間開発（貧困、教育、保健）がメーンテーマだった。これに対してＳＤＧｓは経済の持続的成長、格差問題、気候変動などの経済、社会、環境の各分野にまたがり、開発途上国のみならず先進国を含むすべての国々を含んでいる。採択のリーダーシップをとった国連、そして各国政府はもちろんだが、何よりも経済活動の先頭に立つ企業の協力が必要である。企業が社会、環境に与える影響は大きいがゆえに、財務面での協力も必要だ。ただ、企業がこの17の目標の解決に協力・支援するといっても、すべてを網羅しなければならないということではない。企業はそれぞれの置かれた産業分野や経営ノウハウなどの競争上の強み、弱みを活かした状況の中で課題解決に参加するのである。

2 SDGsの取り組み

ＳＤＧｓは17の目標の２０３０年達成を掲げているが、その範囲はあまりにも広く、一企業のみでは不可能である。国連が各国そして産業界に要請していることは、それぞれの置かれた立場で得意とする分野から参画することである。「世界の地球で暮らす誰もが平等に健康で暮らせるには、Ｊ＆Ｊは何ができるか」、つまり、Ｊ＆Ｊはコンシューマー、メディカル、医薬分野において何をもって貢献できるかということである。

同社は、ＳＤＧｓの17目標のうち、以下の３つに取り組んでいる。

３　すべての人に健康と福祉を
あらゆる年齢のすべての人々の健康的な生活を確保し、福祉を促進する
５　ジェンダー平等を実現しよう
ジェンダー平等を達成し、すべての女性及び女児の能力強化を行う
17　パートナーシップで目標を達成しよう
持続可能な開発のための実施手段を強化し、グローバル・パートナーシップを活性化する

(1) すべての人に健康と福祉を

３番目の目標は特にＪ＆Ｊの事業に直接的なかかわりを持ち、それに関して同社は２０３０年目標として５つの領域を定めている。（図表８－２）

①医療従事者：現在と将来の医療従事者が、質の高い医療を提供するために必要なスキルを持つ世界。
②女性と子どもの健康：すべての女性と子どもが、健康な未来をつくっていくことができる世界。
③必要な手術：安全で必要不可欠な外科医療に、すべての人がタイムリーにアクセスできる世界。

図表8-2　5つの領域

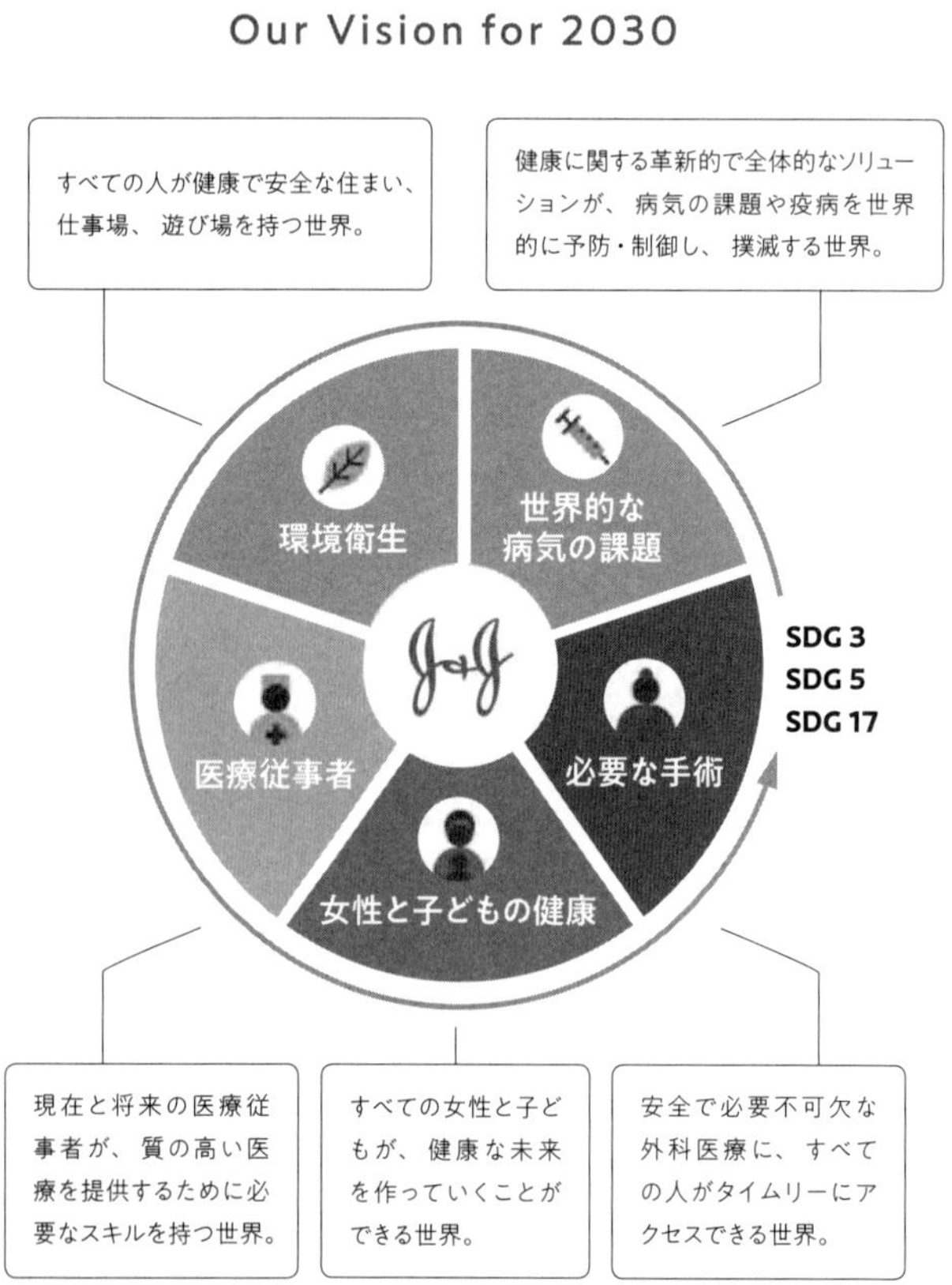

私たちが住む世界では、人と人とがつながることで、様々な可能性が広まっています。そして、人間同士の関係をより良い方向に築いていくことで、すべての人に健康をもたらすことができるようになります。

J&Jは、持続可能で拡張性のあるインパクトを生み出せる独自の立場にある5つの分野で、人財、専門知識、グローバルパートナーシップを活用することで、より健康で公平な未来を目指します。

出所：J&J「社会貢献レポート2019」。

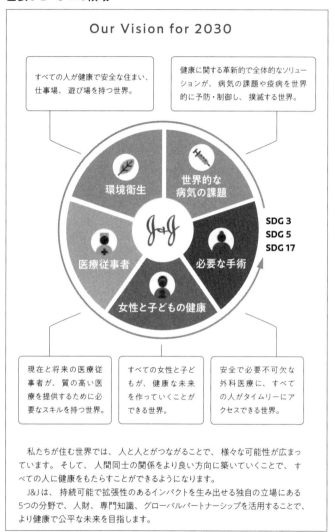

④世界的な病気の課題：健康に関する革新的で全体的なソリューションが、病気の課題や疫病を世界的に予防・制御し、撲滅する世界。
⑤環境衛生：すべての人が健康で安全な住まい、仕事場、遊び場を持つ世界。

図表8-3
医療従事者についての目標達成率

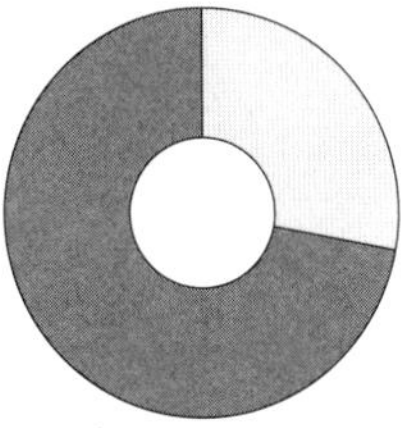

達成率　72%
目標　65万人
達成　46万9,000人

図表8-4
女性と子どもの健康についての目標達成率

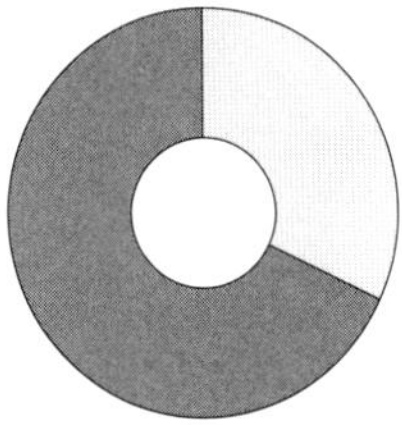

達成率　68%
目標　6,000万人
達成　4,060万人

出所：J&Jウェブサイト（https://www.jnj.com/sustainable-development-goals/sdg-dashboard）。

これらの問題に取り組むために、ＳＤＧｓが国連で採択された２０１５年の翌年である２０１６年から数値目標を定め、４年経った２０１９年の達成度合い（すでに十分達成しているもの、達成に近いもの、達成の途中段階にあるもの）をそれぞれ明示している。

まず、①の医療従事者については、２０２０年まで現在および将来にわたって質の高い医療従事者への医療教育訓練を65万人とした目標に対し、２０１６〜２０１９年までの４年間の目標達成率は72％で、46万９０００人が受けている（図表８－３）。

②の女性と子どもの健康については、同じく６０００万人の目標に対し、達成率は68％で４０６０

図表8-5
必要な手術についての目標達成率

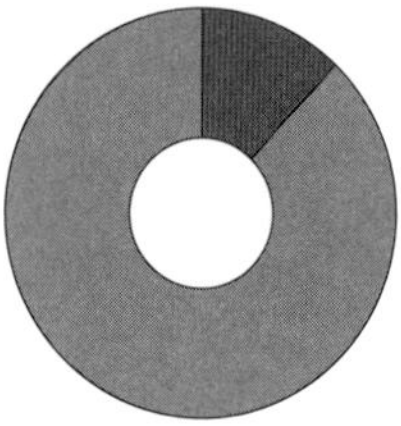

達成率　112%
目標　5,000万人
達成　5,620万人

図表8-6
世界的な病気の課題についての目標達成率

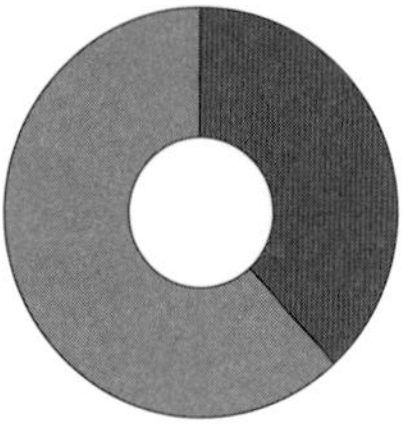

達成率　238%
目標　1億7,500万人
達成　4億1,700万人

図表8-7
環境衛生についての目標達成率

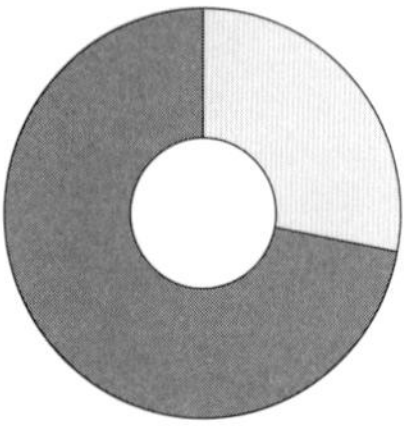

達成率　72%
目標　6,000万人
達成　4,330万人

出所：J&Jウェブサイト（https://www.jnj.com/sustainable-development-goals/sdg-dashboard）。

万人である（図表8－4）。

③の必要な手術については、５０００万人の人々が安全で基本的、タイムリーな手術を受けられるようにするとした目標に対し、達成率は１１２％ですでに５６２０万人となっている（図表8－5）。

④の世界的な病気の課題については、１億７５００万人の人々がＪ＆Ｊにより世界的な病気から取り除かれるとした目標に対し、達成率は２３８％ですでに４億１７００万となっている（図表8－6）。

⑤の環境衛生については、30の都市に住んでいる６０００万人が公衆衛生にインパクトを与える気候や空気質から逃れるようにするとした目標に対し、達成率は72％で４３３０万人となっている（図表8－7）。

ＳＤＧｓの３番目の目標は、さらに詳しく次の項目が制定されている。

3　すべての人に健康と福祉を：あらゆる年齢のすべての人々の健康的な生活を確保し、福祉を促進する

3・1：2030年までに、世界の妊産婦の死亡率を出生10万人当たり70人未満に削減する。

3・2：全ての国が新生児死亡率を少なくとも出生1，000件中12件以下まで減らし、5歳以下死亡率を少なくとも出生1，000件中25件以下まで減らすことを目指し、2030年までに、新生児及び5歳未満児の予防可能な死亡を根絶する。

3・3：2030年までに、エイズ、結核、マラリア及び顧みられない熱帯病といった伝染病を根絶するとともに肝炎、水系感染症及びその他の感染症に対処する。

3・4：2030年までに、非感染性疾患による若年死亡率を、予防や治療を通じて3分の1減少させ、精神保健及び福祉を促進する。

3・5：薬物乱用やアルコールの有害な摂取を含む、物質乱用の防止・治療を強化する。

3・6：2020年までに、世界の道路交通事故による死傷者を半減させる。

3・7：2030年までに、家族計画、情報・教育及び性と生殖に関する健康の国家戦略・計画への組み入れを含む、性と生殖に関する保健サービスをすべての人々が利用できるようにする。

3・8：すべての人々に対する財政リスクからの保護、質の高い基礎的な保健サービスへのアクセス及び安全で効果的かつ質が高く安価な必須医薬品とワクチンへのアクセスを含む、ユニバーサル・

ヘルス・カバレッジ（UHC）を達成する。

3・9：2030年までに、有害化学物質、ならびに大気、水質及び土壌の汚染による死亡及び疾病の件数を大幅に減少させる。

3・a：すべての国々で適切に、たばこの規制に関する世界保健機関枠組条約の実施を強化する。

3・b：主に開発途上国に影響を及ぼす感染性及び非感染性疾患のワクチン及び医薬品の研究開発を支援する。また、知的所有権の貿易関連の側面に関する協定（TRIPS協定）及び公衆の健康に関するドーハ宣言に従い、安価な必須医薬品及びワクチンへのアクセスを提供する。同宣言は公衆衛生保護及び、特にすべての人々への医薬品のアクセス提供にかかわる「知的所有権の貿易関連の側面に関する協定（TRIPS協定）」の柔軟性に関する規定を最大限に行使する開発途上国の権利を確約したものである。

3・c：開発途上国、特に後発開発途上国及び小島嶼開発途上国において保健財政及び保健人材の採用、能力開発・訓練及び定着を大幅に拡大させる。

3・d：すべての国々、特に開発途上国の国家・世界規模な健康危険因子の早期警告、危険因子緩和及び危険因子管理のための能力を強化する。

(2) ジェンダー平等を実現しよう

J&Jでは性別、年齢をはじめ民族、出身、身体障害の有無などのあらゆる多様性を尊重することで豊かな発想や考え方を育てる環境をサポートしている（詳しくは第5章の4参照）。次の図表8－8～8－16は、J&Jのジェンダー平等実現に向けての取り組みを表している。

図表8-8　グローバルでみた男性、女性社員

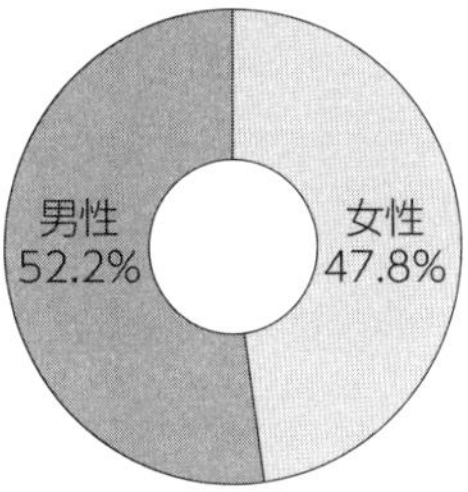

図表8-9　地域別にみた社員数

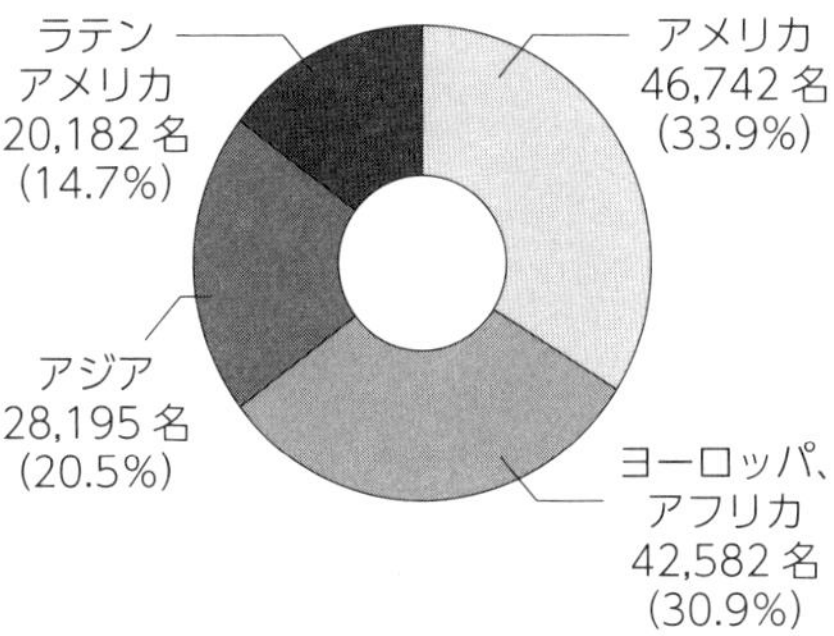

図表8-10　雇用タイプからみたジェンダーダイバーシティ

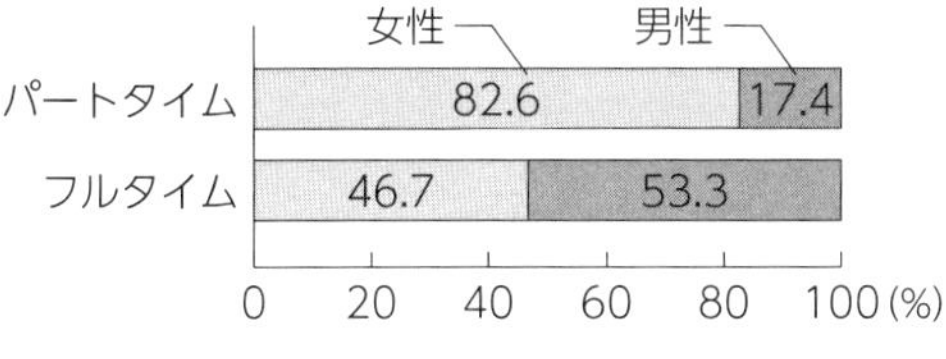

図表8-11　地域別にみたジェンダーダイバーシティ

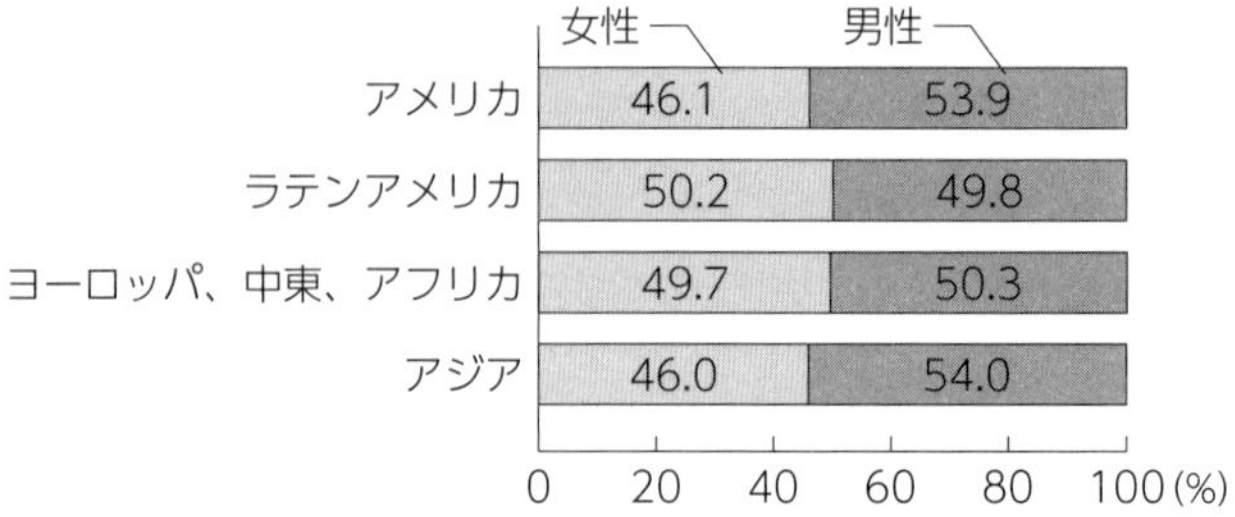

図表8-12　役職別にみたジェンダーダイバーシティ

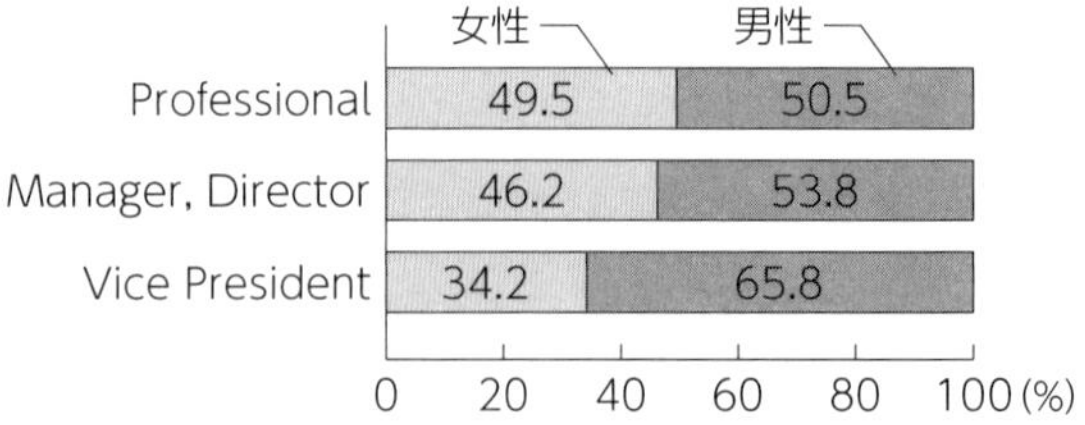

図表8-13　役職を年齢別に見たジェンダーダイバーシティ

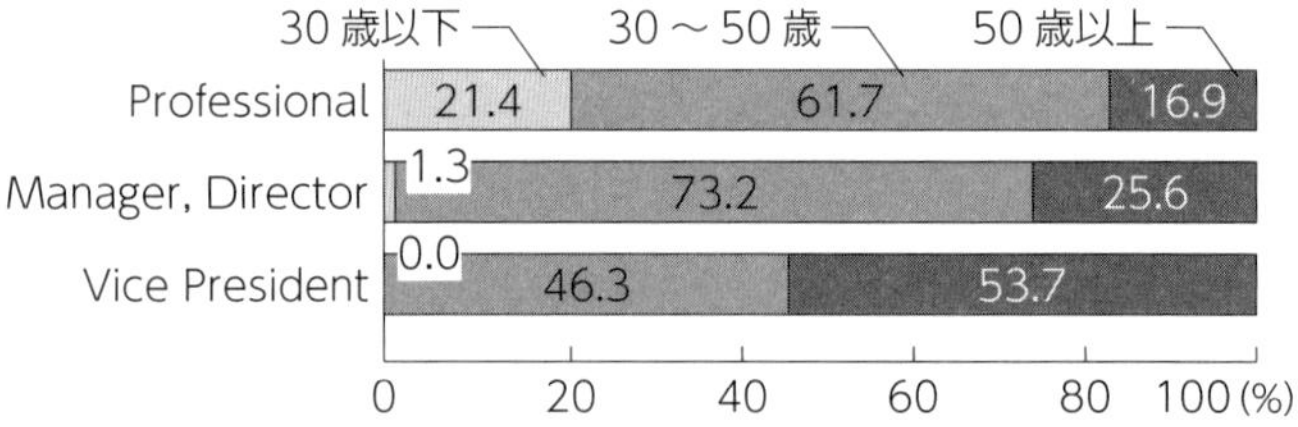

図表8-14　民族、人種別に見た役職の割合（アメリカの場合）

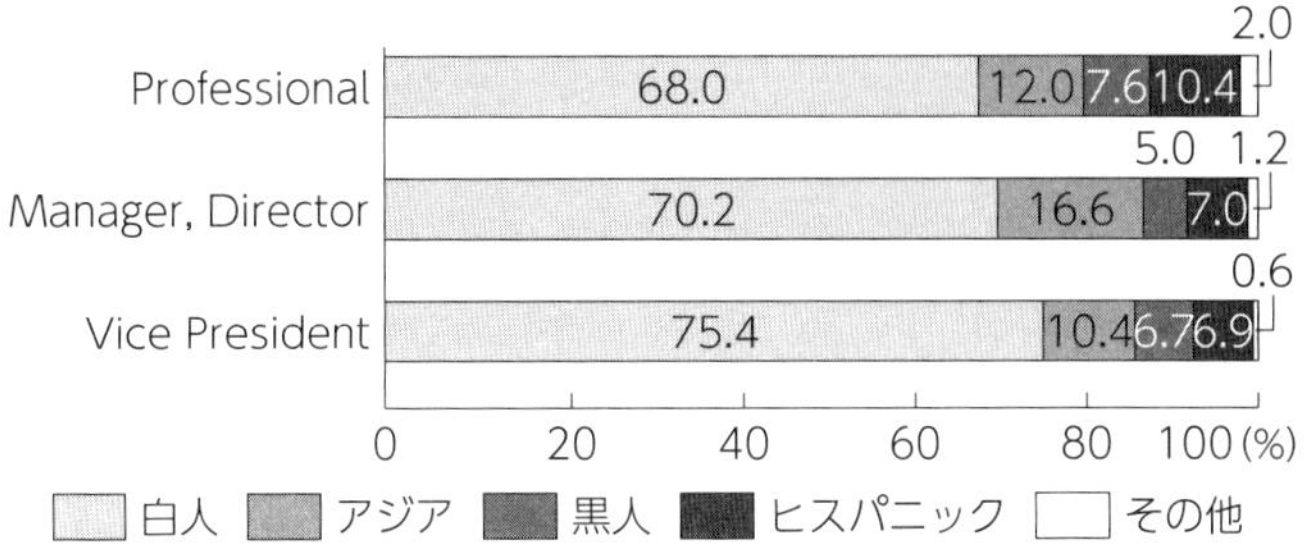

図表8-15　役員、マネジメントポジションにおけるジェンダーダイバーシティ

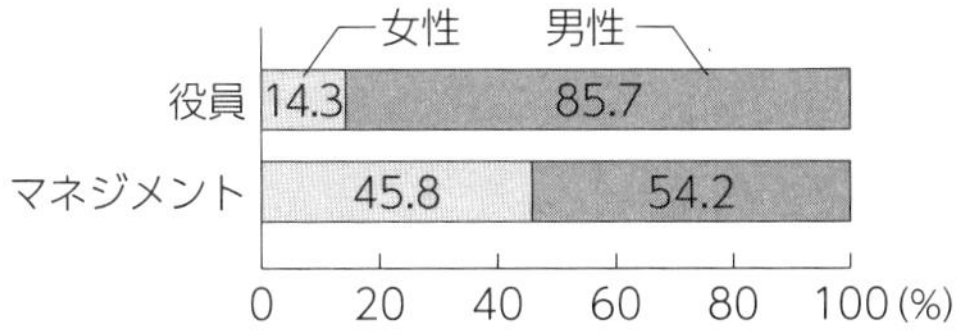

図表8-16　取締役会（Board of Directors）における女性、民族・人種の割合

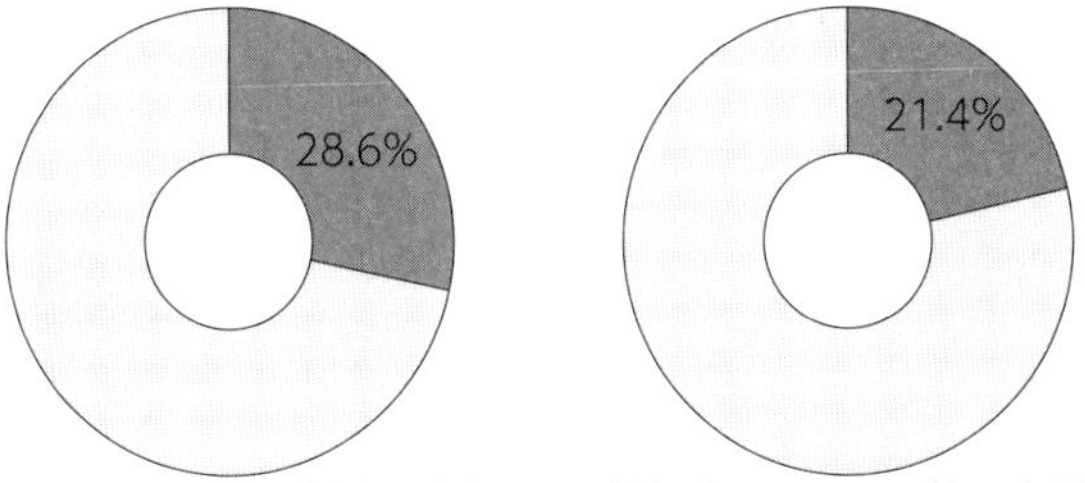

取締役会における女性の割合　取締役会における民族・人種のダイバーシティの割合

出所：J&J「2019 Health for Humanity Report」。
※図表8-8〜8-16は、すべて同文献からの引用。

ＳＤＧｓの５番目の目標は、さらに詳しく次の項目が制定されている。

５　ジェンダー平等を実現しよう：ジェンダー平等を達成し、すべての女性及び女児の能力強化を行う

５・１：あらゆる場所におけるすべての女性及び女児に対するあらゆる形態の差別を撤廃する。

５・２：人身売買や性的、その他の種類の搾取など、すべての女性及び女児に対する、公共・私的空間におけるあらゆる形態の暴力を排除する。

５・３：未成年者の結婚、早期結婚、強制結婚及び女性器切除など、あらゆる有害な慣行を撤廃する。

５・４：公共のサービス、インフラ及び社会保障政策の提供、ならびに各国の状況に応じた世帯・家族内における責任分担を通じて、無報酬の育児・介護や家事労働を認識・評価する。

５・５：政治、経済、公共分野でのあらゆるレベルの意思決定において、完全かつ効果的な女性の参画及び平等なリーダーシップの機会を確保する。

５・６：国際人口・開発会議（ＩＣＰＤ）の行動計画及び北京行動綱領、ならびにこれらの検証会議の成果文書に従い、性と生殖に関する健康及び権利への普遍的アクセスを確保する。

５．ａ：女性に対し、経済的資源に対する同等の権利、ならびに各国法に従い、オーナーシップ及び土地その他の財産、金融サービス、相続財産、天然資源に対するアクセスを与えるための改革に着手する。

5．b：女性の能力強化促進のため、ICTをはじめとする実現技術の活用を強化する。
5．c：ジェンダー平等の促進、ならびにすべての女性及び女子のあらゆるレベルでの能力強化のための適正な政策及び拘束力のある法規を導入・強化する。

(3) パートナーシップで目標を達成しよう

SDGsでは、最後の17番目にこの目標が設定されている。それは、1～16の目標にそれぞれの置かれた立場から参画する場合、グローバルな協力の下でしか達成することができないためである。その意味では、参画する以上はどの立場からもこの17番目の目標にコミットしているといえる。

例えばJ&Jの場合、研究開発1つとってもアメリカ一国だけでできるものではなく、グローバルなパートナーシップの下で行われている。それは先進国だけでなく開発途上国、新興国、未開発国において健康やジェンダー、人権の問題を課題とするならば、それぞれの領域からの協力なしにはなしえないからである。

このパートナーシップの実施手段として、資金、技術、能力構築、貿易、体制面（政策・制度的整合性、マルチステークホルダー・パートナーシップ、データ、モニタリング、説明責任）がある。

なお、1～16の目標を達成する上では、各目標がどれくらい達成できたかのモニタリングや説明責任も課されている。

ＳＤＧｓの17番目の目標は、さらに詳しく次の項目が制定されている。

17　パートナーシップで目標を達成しよう：持続可能な開発のための実施手段を強化し、グローバル・パートナーシップを活性化する

■資金

17・1：課税及び徴税能力の向上のため、開発途上国への国際的な支援なども通じて、国内資源の動員を強化する。

17・2：先進国は、開発途上国に対するＯＤＡをＧＮＩ比０・７％に、後発開発途上国に対するＯＤＡをＧＮＩ比０・15～０・20％にするという目標を達成するとの多くの国によるコミットメントを含むＯＤＡに係るコミットメントを完全に実施する。ＯＤＡ供与国が、少なくともＧＮＩ比０・20％のＯＤＡを後発開発途上国に供与するという目標の設定を検討することを奨励する。

17・3：複数の財源から、開発途上国のための追加的資金源を動員する。

17・4：必要に応じた負債による資金調達、債務救済及び債務再編の促進を目的とした協調的な政策により、開発途上国の長期的な債務の持続可能性の実現を支援し、重債務貧困国（ＨＩＰＣ）の対外債務への対応により債務リスクを軽減する。

17・5：後発開発途上国のための投資促進枠組みを導入及び実施する。

■技術

17・6：科学技術イノベーション（STI）及びこれらへのアクセスに関する南北協力、南南協力及び地域的・国際的な三角協力を向上させる。また、国連レベルをはじめとする既存のメカニズム間の調整改善や、全世界的な技術促進メカニズムなどを通じて、相互に合意した条件において知識共有を進める。

17・7：開発途上国に対し、譲許的・特恵的条件などの相互に合意した有利な条件の下で、環境に配慮した技術の開発、移転、普及及び拡散を促進する。

17・8：2017年までに、後発開発途上国のための技術バンク及び科学技術イノベーション能力構築メカニズムを完全運用させ、情報通信技術（ICT）をはじめとする実現技術の利用を強化する。

■能力構築

17・9：すべての持続可能な開発目標を実施するための国家計画を支援するべく、南北協力、南南協力及び三角協力などを通じて、開発途上国における効果的かつ的をしぼった能力構築の実施に対する国際的な支援を強化する。

17・10：ドーハ・ラウンド（DDA）交渉の結果を含めたWTOの下での普遍的でルールに基づいた、差別的でない、公平な多角的貿易体制を促進する。

17・11：開発途上国による輸出を大幅に増加させ、特に2020年までに世界の輸出に占める後発開発途上国のシェアを倍増させる。

17・12：後発開発途上国からの輸入に対する特恵的な原産地規則が透明で簡略的かつ市場アクセスの円滑化に寄与するものとなるようにすることを含む世界貿易機関（WTO）の決定に矛盾しない形で、すべての後発開発途上国に対し、永続的な無税・無枠の市場アクセスを適時実施する。

■体制面

●政策・制度的整合性

17・13：政策協調や政策の首尾一貫性などを通じて、世界的なマクロ経済の安定を促進する。

17・14：持続可能な開発のための政策の一貫性を強化する。

17・15：貧困撲滅と持続可能な開発のための政策の確立・実施にあたっては、各国の政策空間及びリーダーシップを尊重する。

●マルチステークホルダー・パートナーシップ

17・16：すべての国々、特に開発途上国での持続可能な開発目標の達成を支援すべく、知識、専門的知見、技術及び資金源を動員、共有するマルチステークホルダー・パートナーシップによって補完しつつ、持続可能な開発のためのグローバル・パートナーシップを強化する。

17・17：さまざまなパートナーシップの経験や資源戦略を基にした、効果的な公的、官民、市民社会のパートナーシップを奨励・推進する。

●データ、モニタリング、説明責任：

17・18：2020年までに、後発開発途上国及び小島嶼開発途上国を含む開発途上国に対する能力構築支援を強化し、所得、性別、年齢、人種、民族、居住資格、障害、地理的位置及びその他各国事情に関連する特性別の質が高く、タイムリーかつ信頼性のある非集計型データの入手可能性を向上させる。

17・19：2030年までに、持続可能な開発の進捗状況を測るGDP以外の尺度を開発する既存の取組を更に前進させ、開発途上国における統計に関する能力構築を支援する。

3 社会変革のイノベーションとしてのSDGs

経済発展の基礎はイノベーション（Innovation）、つまり「革新」であると捉えたのは、経済学者のヨーゼフ・シュンペーター（Joseph Schumpeter：1883-1950）である。ただ、シュンペーターはイノベーションを新技術や新製品などの分野に限ったことではなく、新市場開発や新経営手法などの幅広い分野での「革新」と考えている。

また、「革新」に対して「革命」(Revolution)がある。革命には「産業革命」(Industrial Revolution)や今日の「IT革命」があるが、革命は革新と違って人間の働き方、社会生活の在り方まで変える根本的な社会変革である。これに対して革新であるイノベーションは、革命よりも短いレンジで語られている。ここでなぜイノベーションに触れるかというと、CSRもCSVもSDGsも社会変革の側面から捉えると、長期的には企業発展につながる変革だということである。

これまでCSR、CSV、SDGsについて述べてきたが、これらは社会性、人間性を問う社会変革の問いかけである。CSRは今日の企業の社会的責任の問題について再考を迫るものであり、CSVは企業の経済的成果と社会的成果の同時達成を目指す経営の在り方であり、SDGsは経済、社会、環境問題への対応を地球規模で進めようという流れである。

これまでに筆者は今、企業と社会との関係でなく、社会の中の企業という関係であるべきであると述べた。工業化時代と称される20世紀、経済活動を担う企業の発展により、社会はより便利になりその豊かさを享受してきた。しかし、地球全体に目を転じると、貧しい国、教育を受けられない国、未開発の国、水不足、食糧不足に悩む国がある。先進国でも、環境や人権のようなさまざまな形での問題が起きている。これは工業化によって引き起こされた負の側面である。「これはこのまま放置してよいのだろうか」「今の社会をどう考えるか」「何が問題なのか」、社会あっての企業の在り方を根幹から問うべきときなのである。企業と社会との関係を演繹的に考え、社会と共存する企業経営を行うことが求められている。

4 SDGsから考える資本主義社会の未来

(1) 源流は1989年の「ベルリンの壁」崩壊

これまでCSR、CSV、ESGそしてSDGsの流れについて見てきた。本章では「サステナビリティ経営とは何か」について考えてきたが、その流れの根源は、あまりにも進み過ぎた経済至上主義への危機感であることがわかった。このまま経済優先で突き進んだら地球環境はどうなるのか、そして、経済格差による深刻な社会問題、人権問題にわれわれはどう対応すべきなのか。

これらへ対応するためには、どこかがそのイニシアティブをとらなければならない。そこで国連が「SDGs」という形の宣言で加盟国に対して参加を促した。これは一国だけで解決できるものではなく、加盟国すべての協力が不可欠である。また、経済活動の最前線に立つ企業の協力なしには目標達成できない。そして、企業がそれぞれ置かれた状況の中でこの17の目標の達成に向けて考えることは、長期的には企業発展のイノベーションにつながるのである。

筆者は、このCSR、CSV、ESG、SDGsの流れの源流が1989年12月のベルリンの壁の崩壊にあると思っている。なぜかというと、筆者の強烈な思い出の中にベルリンの壁があるからである。

崩壊前に遡ること15年前の1973年、筆者は西ベルリンにあるベルリン自由大学（Freie

Universitat Berlin）を訪問する際、誤って西ベルリン駅を通過し東ベルリンに入ったことがある。そこで目にしたものは、壁1つ隔てた西ベルリンとの経済格差である。車窓から見る東ベルリンは、大きなビルもなく寂しい光景だが、西ベルリンに戻ると、ドイツの戦後復興を物語るように大きなビル群、ホテル、ショッピング街が立ち並ぶ光景になった。筆者は、このような壁1つ隔てての経済格差はいつまで続くのだろうかと感じたことを覚えている。

1989年12月、勇敢に立ち向かった東ドイツの若者らによるベルリンの壁崩壊後、東西ドイツは併合し、自由化の波は隣国の東ヨーロッパへと広がった。やがてその波は社会主義の超大国ソ連にも乗り移り、ソ連は崩壊し今日のロシアになっている。さらにはソ連とともに社会主義、共産主義を標榜してきた中国も「社会主義市場経済」を導入した。つまり、政治は中国共産党一党支配による社会主義体制堅持、他方では市場経済による競争原理の導入である。鄧小平による「改革開放」政策は中国経済を揺り動かし、今やアメリカ資本主義に迫る勢いで世界第二の経済大国にまでのし上がった。

このように、ベルリンの壁崩壊後、旧社会主議国は自由経済体制による競争原理の導入によって、それまで先進国とされてきた国々と対峙することになった。そして経済活動は活性化し、旧社会主義国は急速に工業国となっていった。

(2) 株主資本主義とステークホルダー資本主義

この自由化の波に乗ってビジネスを起こし、成功者として巨大な富を得たもの、他方では貧困に苦しむ多くの人々との格差問題が生まれた。競争に勝ち抜くための論理は、とにかく経済的成果を上げて人々の富を増やすことである。株式会社制度であればそれは株主に報いることであるが、その競争が激しくなればなるほど、株主至上主義の考え方が強調されてくる。結果として、競争のためには何事もいとわない行為が経営倫理問題として発生してくる。"Business Ethics" という言葉はアメリカでは１９７０年ごろ使われ始めてきたが、その意義が重要となってきたのは近年である。

今、自由主義体制の最前線を進んできたアメリカでは、そのような株主至上主義に対して修正が加えられつつある。これはステークホルダー資本主義と呼ばれ、企業を支える社員、地域社会、組合、地方自治体、消費者等の幅広い利害関係者に配慮した経営を目指すべきだという考え方である。

このステークホルダー資本主義は、アメリカの有力経営者が集まるビジネス・ラウンドテーブルが２０１９年の８月に声明文を出してから広まっている[1]。さらには、毎年世界の主要政界、財界人の代表者らが集まる「世界経済フォーラム」の年次総会（ダボス会議）でも、株主第一主義の下での社会との不均衡問題を取り上げ、利害関係者に配慮したステークホルダー資本主義への転換を求めている。

いかに株主資本主義とはいえ、本来的にはステークホルダーを無視した企業の在り方は考えられないし存続しえない。ステークホルダーあっての株式会社が本来の姿である。しかし、企業間競争が激しくなり、それも国境を越えたグローバル競争になり、株主からの要求が強くなると、

1 "Business Roundtable Redefines the Purpose of a Corporation to Promote 'An Economy That Serves All Americans'", August 19, 2019.

株主資本主義の度合いが色濃くなってくる。また、株主資本主義、ステークホルダー資本主義といってもそれらは相対的な見方であり、個別に企業を見ればそれぞれの特徴あるスタイルで経営を行っていることがわかる。

また、ベルリンの壁崩壊後の経済自由化の波による資本主義への道といっても、国家によってその形態は異なる。ソ連や中国は、もともと国有企業だったものが民営化した形の企業形態である。そこでのトップには、政府の官僚（中国の場合は中国共産党幹部）が就く。この形態はアメリカや日本の本来的多国籍企業とは違い、〝State Owned Multinationals（国営多国籍企業）〟と呼ばれている。要は、自由化したといっても主要企業は国家の支配下にある国家資本主義と呼ばれる形態である。

また、韓国、台湾、香港、アジアの企業は、創業者にルーツを持つファミリー企業、同族者支配による企業形態が多い。これらの財閥資本ともいえるファミリーは、国家とも深い関係の中で経営を担っている。

このような流れからいうと、日本企業の形態はどのように位置づけられるだろうか。日本経済の勃興期、大資本を持っていたころは財閥によるファミリー資本主義であったが、戦後の財閥解体で起業家による株式会社の誕生と発展で、世界に君臨するまでになった。

しかし、日本企業の経営スタイルは本来的にステークホルダー資本主義である。「三方良し」に代表されるように、天下国家、社会、顧客、地域社会、組合との対話を通じた経営を行ってきている。このように、経営スタイル面からだけでいえば、日本の経営は世界に対して自信を持って良い。

図表8-17　相対的にみた資本主義のスタイル

資本主義のスタイル	内容	企業
株主資本主義 (Shareholder Capitalism)	企業価値と株主利益の最大化	アメリカ企業の特徴企業
ステークホルダー資本主義 (Stakeholder Capitalism)	顧客、仕入先、社員、地域社会、株主との共生	日本企業の特徴
国家資本主義 (State Capitalism)	国有企業の民営化	中国、ロシア企業の特徴
縁故資本主義 (Crony Capitalism)	創業者家族による財閥支配	韓国、台湾、香港等のアジア企業の特徴

出所：筆者作成。

ただ、サステナブルな企業を目指すには、大きな産業の流れを超長期的に見極める必要がある。

強かった日本の製造業、その代表のトヨタですら、2019年の世界の企業価値ランキングでは45位である。トップテンはマイクロソフト、グーグル、アマゾンに代表されるアメリカのIT企業である。日本企業は、その本質にあるステークホルダー資本主義を基本にしながらも、サステナブルな経営を行う上で何がこれからの価値を生み出す事業なのかを追求していかなければならない。

(3) ステークホルダー資本主義を貫くJ&J

(1)で述べたように、それまで世界は西側と東側、資本主義と社会主義との両陣営に分かれていたが、1989年12月のベルリンの壁崩壊を契機とした社会主義の崩壊によって、世界の強大国は資本主義、市場経済メカニズムを取り入れることとなった。市場経済メカニズムは私企業による競争であり、企業はその競争に勝ち残ったものだけが生き延びる経済合理的活動組織である。

その結果、経済発展する国や地域とそれに取り残された国や地域との経済格差、それに伴うさまざまな社会問題が発生した。またそれによって企業間競争、国境を越えた地球規模でのグローバル競争はますます激しくなり、環境問題、資源問題、貧富の差、教育の問題という、いわば経済発展の「負の側面」を露呈した（第8章参照）。

経済活動の中心的役割を担うものは企業であり、その経営の在り方が今世紀になって世界の最重要課題として問われることになった。この流れに沿うものとして企業と社会との関係にかかわるCSR、CSV、ESG、そしてSDGsが提唱され、さらにはアメリカのビジネス・ラウンドテーブルのステークホルダー資本主義へと広がっている。

J&Jはアメリカの企業でありながら、そのプライオリティの第一は消費者への責任、第二は従業員への責任、第三は地域社会への責任、そして最後が株主への責任である。これらの責任は何が先ということではなく、同時並行的に推進している。J&Jの「我が信条」は同社のアイデンティティとしてあまりにも有名だが、これを貫きながら過去100年以上にわたって増収増益を重ねてきているところにSDGsとしての事例研究の意義がある。

第9章

誕生の地、ニュージャージー州、そしてJ&Jから学ぶもの

1 ニュージャージーとニューブランズウィック

(1) ニュージャージー州について

J&Jの本社があるニュージャージー州（State of New Jersey）はアメリカ東部に位置し、州都はトレントン、最大の都市はニューアークである。ニュージャージーはニューヨークとフィラデルフィアという2つの都市を結ぶエリアとして発展してきた。

東京成田から直行便の飛行機でニューヨークに行くには、1つはジョン・F・ケネディ国際空港（John F. Kennedy International Airport）とニュージャージー州のニューアーク・リバティー国際空港（Newark Liberty International Airport）がある。ニューアークの空港からニューヨークまでは電車では20分ほどで行けるため、中心部であるマンハッタンまでだとこちらの方が近くて便利である。この距離からもわかるように、ニューアークはニューヨークのベッドタウンでもあり、今ではニュージャージー州で一番大きな都市となっている。このほかにも、パターソン、ジャージーシティ、エリザベスは大きな都市として発展しており、これらはみんなニューヨークで働く人々の受け皿となっている。

ニューヨーク・マンハッタンのアップタウンに、ハドソン川にかかるジョージ・ワシントン・ブ

図表9-1　ニュージャージー州とニューブランズウィック、ニューヨークの地図

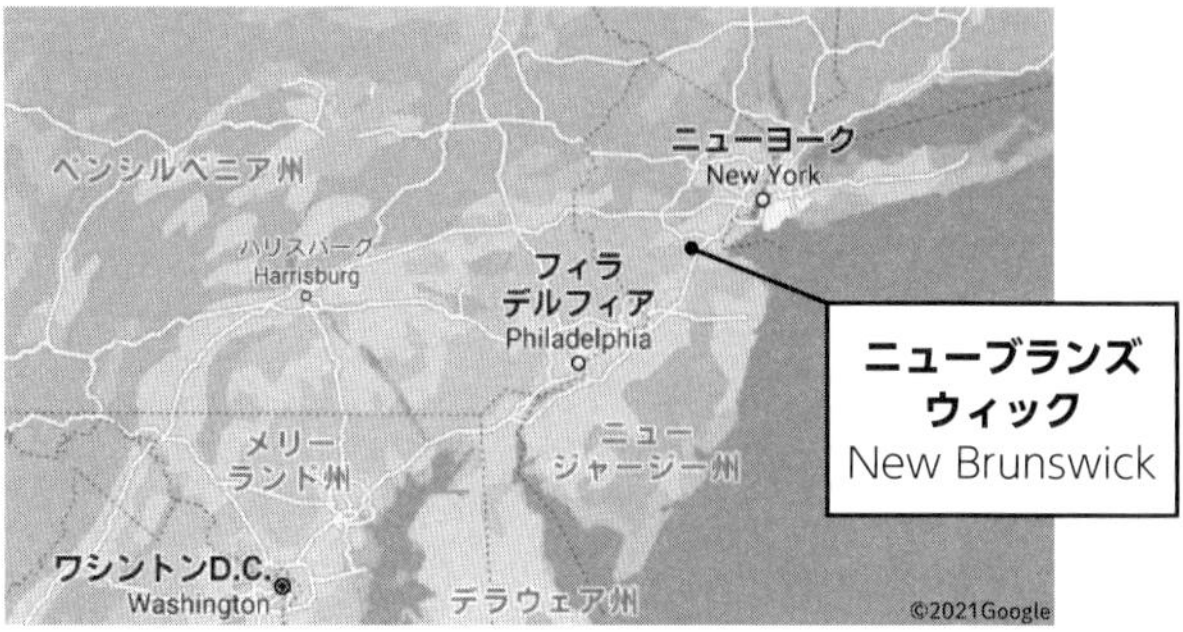

出所：筆者作成。

リッジ（Jorge Washington Bridge）がある。その橋を渡るとニュージャージー州に入りフォートリー（Fort Lee）がある。ここは１９７０年代にはニューヨークで働く多くの日本人駐在員が住んでいたが、今は韓国系住民が多くコリアンタウンとなっている。

また、ニューヨーク・マンハッタンのミッドタウンにはリンカーントンネルが、ロウアーマンハッタンにはホランドトンネルが通じており、ニュージャージーからのアクセスに便利である。

Ｊ＆Ｊの創立者ロバート・ジョンソンは、発明王トーマス・エジソンと親しかったといわれるが、エジソンの研究所はニュージャージーのメンロパーク、その後ウエストオレンジに置かれた。エジソンの白熱電灯の発明によってメンロパークの町の通りは、街灯がともった世界初の通りになったといわれている。また、今日の世界最大の電気会社ＧＥはエジソンが創業したものである。

ニュージャージーには今、ＧＥの研究所はあるが本社は隣の州であるコネチカット州のフェアフィールドにある。

(2) 世界各国からの移民

アメリカの州には、それぞれの州の特徴をイメージさせるニックネームがある。例えば、カリフォルニア州は1年中輝く太陽に恵まれることから「サンシャイン・ステート」、アイダホ州は広大なポテト畑から「ポテト・ステート」、ミシガン州は五大湖に面していることから「グレートレーク・ステート」、テネシー州は音楽発進の地であることから「ミュージック・ステート」等である。ニュージャージー州は、「ガーデン・ステート」と呼ばれている。ニュージャージーは緑豊かな田園地帯が多いのである。

ニューヨークからニュージャージー州に入ると途端に緑が多くなる。ニューヨークに比べると地価も安くオフィス賃料も安いため、必然的に企業はここに拠点を構えることになる。日本企業の進出先としては西海岸のカリフォルニアのロサンゼルスが多いが、東海岸のニューヨークでは実質的にはニュージャージーが多い。ニュージャージーはニューヨークの発展とともに大きくなってきたといってもよい。

ニュージャージーはオランダ人が最初に入植したところである。16世紀大航海時代、スペイン、ポルトガル、オランダは海洋大国と称され、風を利用した帆船によって未開拓の大陸に挑んだ。オランダは大西洋を渡ってハドソン川上流からニュージャージーに入り、そこに入植した。その後ニューヨークの発展とともに、世界各国から来た移民がニュージャージーに居住地を持つことになる。

(3) 製薬産業のクラスターとしてのニュージャージー州

クラスター（Cluster）のもともとの語源は「１つの固まり」「集積」という意味である。アメリカではシリコンバレーに多くのＩＴ産業が集積し、１つのまとまりを形成していることからその言葉が使われるようになった。Ｊ＆Ｊがあるニュージャージー州も、シェリング・プラウ（Schering-Plough、２００９年にメルクに吸収合併）、ワーナー・ランバート（Warner Lambert、２０００年にファイザーに吸収合併）、ファイザー、サノフィ、ノバルティス等の製薬、ヘルスケア企業の本社があり、製薬産業のクラスターとなっている。

筆者はかつて、Ｊ＆Ｊと同じように医療機器を扱っているベクトン・ディッキンソン（Becton Dickinson）と、製薬事業だけではＪ＆Ｊよりも規模の大きいメルク（Merck）を訪問したことがあるが、それらの本社はそれぞれニュージャージー州の Franklin Lakes と Kenilworth にある。このほかにも American Home Products、Aventis、Bristol-Myers が、Rhone-Poulenc 社と Hoechst Marion Roussel 社との合併により１９９９年誕生したが、経営に関する事実上の本社機能を同州の Parsippany に置いている。

シリコンバレーにはＩＴ産業の創業を目指す若き起業家たちが集まったが、ニュージャージー州もＪ＆Ｊと同じようにそれぞれの薬の開発によって創業した企業が多い。では、なぜニュージャージーに製薬産業がクラスターを形成しているのであろうか。

この要因として、ニュージャージーはニューヨーク、ワシントン、ボストンにも近く立地が良いことから、人材の確保にも良いことが挙げられる。また、それらの地域には伝統的な有名大学も多く、最先端の医療に従事する人も多い。加えて、新薬の開発にはアメリカのＦＤＡからの認可が必要であり、ワシントンとの絶えざる交流が必要であることも要因の１つである。ＦＤＡによって承認された新薬の開発状況を見ると、その40％以上は同州に活動拠点を持つ製薬企業だといわれている。

日本の製薬企業各社もアメリカに活動拠点を持っているが、その32社のうち37・5％にあたる12社がニュージャージー州に活動拠点を置いている（日本製薬工業会の調べ、２０１９年）。

また、ニュージャージーにはニューヨークに近いニューアーク空港もあり、全米各地、ヨーロッパ、そして東京にも直行便があり交通も便利である。現在、世界の医薬品市場は、日本が20％、アメリカが32％、ヨーロッパが28％のシェアであることからみても、これらの地域とビジネスとの関連は深い。さらにニュージャージーのニックネーム「ガーデン・ステート」が示すように、廉価な農地が多くある。日本の四国と同じぐらいの面積で人口密度が比較的低く、広い面積で地価が比較的安いことが挙げられる。

日本企業も、製薬企業以外にエレクトロニクスや化学、精密機械等の多くの企業がニュージャージージーに立地している。オフィスはニューヨークに置いても工場は同州に置く理由は、何といっても世界経済の中心地であるニューヨークへのアクセスが便利だからである。[1]

2 Ｊ＆Ｊから学ぶもの―日本企業への指針

(1) アクティブな経営ミッションの追求―すべては「我が信条」に戻る

われわれ研究者は、Ｊ＆Ｊがヘルスケアの会社であること以上に、「我が信条」に関心を持つ。なぜならば、同社の経営のすべてがそこに隠されているからである。「我が信条」を80年前に制定したこと自体にリーダーの卓越さがあり、同社はその価値共有を通じて今日まで確実に成長発展を遂げてきた。経営に対する考え方を、これほどまでに全社員が共有し徹底を図っている企業は他にない。

経営に対する考え方を、経営理念、経営方針、社是、社訓のような形で表している企業は多くあるが、Ｊ＆Ｊはそれを抽象的な表現でなく具体的でわかりやすい言葉で、会社の使命（ミッション）として共有してきた。

会社としての存立基盤を、顧客である消費者、そこで働く従業員、活動基盤となる地域社会、事業活動の支えとなる株主であるとし、それらへの責任を、「Must（～しなければならない）」

1 Health and Welfare Department, Vol.4 No.71, March 6, 2020（井原和人、天地麻由美）を参考にした。

の形でアクティブに語りかけている。まさに今でいう「企業の社会的責任（CSR）」を、J&Jは「我が信条」に込めて高らかに宣言し実践してきたのである。これら4つの責任をやり遂げることによって会社は確実に成長発展を遂げ、それは同社の隠された経営ノウハウともなってきた。

しかし、これは言うは易いが、それを実践する社員へのプレッシャーは強い。社員は、4つの責任を果たすことができなければマイナス評点になる。裏を返せば、「我が信条」を通してこれらの責務を社員に強いていると解すこともできよう。良い会社はどんな境遇にあってもブレない強い経営理念を持っているといわれるが、J&Jはまさしく「我が信条」に強く支えられているのである。

今、株主資本主義かステークホルダー資本主義かが議論されている。これはどちらかが良いということではなく、社会にとって良い経営スタイルは何かが問われている。両者とも企業と社会との関係を経営の基本に据えているが、経営環境の変化によってそのバランスが変わりつつある。ますます激しくなる企業間競争の中で、企業業績の達成に対する圧力や、株主からの責任追及によって株主資本主義へのシフトが懸念されている。これは社会との調和なしにはあらゆるものが持続しえないとする危機意識からである。ステークホルダーとの調和による経営の舵取りという課題が、今の経営に要請されている。

このステークホルダー資本主義を「我が信条」に内包させ、それをひたすら追い続けてきたのがJ&J経営の神髄であり、これからも変わらない経営の在り方として普遍的モデルになるだろう。

(2) 成長戦略としてのＭ＆Ａ―ファミリーカンパニーのパートナー

今から30数年前、筆者がニューブランズウィックの本社を訪問した際の各事業の売上は、コンシューマー部門が一番多く、次に医療機器であるメディカル部門、３番目が医薬部門であった。しかし、今は医薬部門が売上の半数以上を占め、次がメディカル部門、３番目がコンシューマー部門となっている。日本Ｊ＆Ｊの須賀川工場では当初はバンドエイド、ベビーパウダーなどのコンシューマー製品をつくっていたが、今はその生産は中国、アジアに移っている。

企業は製品の多角化と市場の拡大によって成長発展を遂げるが、問題はこれをどのような方法で行うかである。製品の多角化は自社資源の積み重ねによって行う場合もあれば、他社資源を取り込むＭ＆Ａもある。前者は内的成長、後者は外的成長であり、日本企業は前者を自然な経営スタイルとしてきた。一方、アメリカの経営は他社資源も取り入れて経営環境の変化に果敢に対応することこそが経営戦略の本質だと考える。

Ｊ＆Ｊは、他社資源を取り入れつつも健康に資するヘルスケア領域の中で事業の拡大を図ってきた。しかし、Ｍ＆Ａで他社資源を取り入れる会社はＪ＆Ｊの傘下になるのではなく、並列的に同社を担うファミリーカンパニーの一員となるという経営スタイルである。中でも、医薬事業であるヤンセンファーマをファミリーカンパニーの１つにしたことは、今日のＪ＆Ｊの一大飛躍の要因となっている。このほかコンシューマー部門やメディカル部門でも、大小さまざまなファミリーカンパニーがまた次のファミリーカンパニーを取り入れて成長してきた。ファミリーカンパニーになった企業は自律的経営単位となり、自らの責任で経営の舵取りを行わなければならない。同社のもう１つの経営ノウハウである徹底した分権経営の仕組みはここにある。

筆者が日本Ｊ＆Ｊの社長であった廣瀬光雄氏にインタビューした際、Ｊ＆Ｊの経営は基本的に自身のリーダーシップにあるが、「そう難しくない」と言われていたことが印象的であった。それは「我が信条」を支えにこれを追求することで結果的に同社の成長につながり、自律的経営が担保されるからであろう。

日本企業も近年に至ってはＭ＆Ａを経営の中枢に取り入れてきている。しかし、単に自社の傘下にするのではなく、被買収企業がその仲間となって自律的な経営が担保されるように、本社側の長期的ビジョンと強い経営理念が確立されていなければならない。

(3) 本社の戦略的視点―小さな本社の強いリーダーシップ

１９８０年代半ばにニューブランズウィックのＪ＆Ｊ本社を訪問した際の印象は、当時世界に２００社のグループ会社を持つ本社にしては、建物が意外と小さいことだった。当時の本社はまるで大学の図書館を思わせるような瀟洒な建物で小ぢんまりしていた。その後、同社がイニシアティブをとって進めたニューブランズウィック再生計画の中で、今の近代的ビルに生まれ変わった。

本社には、その場所と建物から形成されるイメージという要素もあるが、本社の役割として、筆者は３つの視点―物理的、機能的、戦略的―から考えている（第２章参照）。創業の地がニューブランズウィックであり、またアクセスも良いという物理的視点。会社全体を統括するのに必要な最低限の役割（ヒト、モノ、カネ、情報などの資源配分）を果たすという機能的視点。会社全体の司令塔としての戦略的視点。中でも重要なのは３つ目の、本社は会社の方向性を決める戦略的視点としての「トップマネジメントのオフィス」であり、具体的にはＣＥＯのサポート機能であるというのが本質的な点である。この３つの視点から考えた場合、Ｊ＆Ｊの本社はいずれも本社のあるべきモデルに合致していると考える。したがって、本社は規模の大小ではなく戦略策定の中身、クオリティこそが問われ、強いリーダーシップが求められる。究極的には、戦略策定のトップマネジメント（Ｊ＆Ｊの場合は Executive Member）が構成されていても、最終意思決定はＣＥＯ１人にゆだねられている。このことからも、ＣＥＯの役割がいかに大きいかがわかる。

Ｊ＆Ｊの場合、ＣＥＯは10年ぐらいのスパンで交代し、アメリカ企業にしては珍しくその多くが内部から選任されている。アメリカ企業は、外部からＣＥＯを迎えることが多い。ＣＥＯは専門経営者（Professional Manager）、プロであるという考えであるため、ＣＥＯの要件に見合うリーダーを内部で確保できない場合は外部に求めるのである。プロの経営者を育成するのがビジネススクールであり、その資格（ＭＢＡ）を持って実際の経営に挑む。現にＪ＆Ｊ、ＣＥＯのゴースキー氏もＭＢＡを取得している。

また、本社の戦略的視点には、早い段階で後継者、次代を担うＣＥＯの育成を考えることがその本質に含まれる。年功序列的なＣＥＯ選任では国際競争に勝てない。

(4) オープンイノベーションということ―新製品開発のグローバル・ネットワーク

医療機器や医薬は直接的に人間の命とかかわるだけに、新製品として市場に出るまでに相当の時間とコストをかけなければならない。特に医薬は、基礎研究から臨床実験を経て国の承認を得るまでにかかる時間とコストは年々上がってきている。研究開発こそが医薬事業の生命であり、そのための投資を継続的に行うことが求められる。問題は、１つの薬として承認を得るまでの研究開発の効率性をいかに高めるかである。

日本の経営のこれまでの特徴は経営資源を自社内に限ったクローズドネットワーク型だったが、今は外部との連携によるオープンネットワーク型によって経営効率を最大限にすることが求められている。これは研究開発も同じで、Ｊ＆Ｊでは「オープンイノベーション」の考え方で自社研究所のほかに、世界中に巡らした大小さまざまなイノベーションセンターとのネットワークをつくり、活用している。[2] このようなことが行えるのはそれだけの研究開発コストが伴う。そのためには、売上利益を上げることにより研究開発費を高めなければならない。例えば、現下の新型コロナウイルスのワクチン開発においても莫大な研究開発費がかかる。これを行えるのは世界の医薬事業会社でもグローバル10といわれる売上、資本力のある会社である。日本の医療機器、医薬事業会社は世界のランキングからすれば小規模であり、国際的にも出遅れてきた。日本の製薬産業は家族企業の流

2 高橋浩夫『研究開発のグローバル・ネットワーク』文眞堂、2000年。

れをくんでおり、今でも中小の会社が多い。２０１９年には日本の製薬会社最大手といわれる武田薬品がアイルランドのシャイアーを約４６０億ポンド（約６・２兆円）で買収したことが話題になった。このことによって同社は日本企業としては初めて、医薬産業のグローバルランキングに入ることになった。ＣＥＯは、この道のプロといわれるフランス人である。これは武田薬品にとっても、日本の製薬業界にとっても外的資源を取り入れたグローバル戦略、そしてオープンイノベーション推進の試金石となるに違いない。

日本企業は、もっと国内外との連携を強化しながら外部資源を取り入れた効率的な経営を考えるべきである。

(5) ダイバーシティとは何か―ダイバーシティ&インクルージョンの目指すところ

Ｊ＆Ｊの経営は「我が信条」「経営の分権化」に代表されるが、もう１つのアイデンティティはダイバーシティ&インクルージョンである。ダイバーシティは「多様性」、インクルージョンはそれを「受け入れること」として、両者を併せて使っている。同社は性別、年齢をはじめ民族、出身、身体障害の有無など、あらゆる多様性を尊ぶことで企業の競争力につなげている。特に女性の登用は中心課題である。筆者は本書の執筆を日本のＪ&Ｊとアメリカ本社の広報担当者の協力の下で進めてきたが、その多くは女性の活躍である。同社の取締役会でも２０１８年時点で11名中３名、エグゼクティブ・コミッティー（執行役会）でも11名中３名は女性であり、また出身国も多様性に富んでいる。

Ｊ＆ＪはＳＤＧｓへのコミットメントにおいても、５番目のジェンダーギャップの課題とその達成度を数値化するなど、ダイバーシティの取り組みに力を入れている（第８章参照）。アメリカはもともと多様性のある国だが、近年に至ってさらに経営に多様性を取り入れようとしている。その理由にはマイノリティによる活動や人権運動等からのプレッシャーもあるが、それ以上に、多様性を取り入れることによる企業の競争力の強化がある。工業化時代から情報化社会、知識社会になるに伴って企業の競争力の源泉が知識創造（Knowledge Creation）に変容しているとすれば、新たな知識は多様性の中から生まれるからである。

今、日本企業の間でも女性の活躍を官民挙げて１つの政策課題にしている。日本は世界第三の経済大国であるが、それに比して女性の活躍の割合が極めて低いことが指摘されている。これはホモジュニアスな社会で伝統的に男性優位の企業文化も影響していると考えられるが、近年の急速に進むグローバル化においては、多様性の取り入れによる競争力の強化が企業の戦略課題になってきた。スポーツ選手、マスメディアでは今は外国人の活躍が普通になってきているが、これを今度は企業の現場にも取り入れ、組織を活性化しなければならない。

しかし、そうした女性の活躍や外国人の登用（表層のダイバーシティ）はダイバーシティの第一歩だが、本質は多様性の深化（深層のダイバーシティ）による企業活力を内在化することである。これまでの日本の経営の大きな流れを変えるチャレンジであるだけに、失敗や犠牲も伴うだろう。しかし、ダイバーシティによるさらなる経営の挑戦が、日本企業の成長要件である。

あとがき

本書は多国籍企業の事例研究として２０１９年出版した『すべてはミルクから始まった―世界最大の食品・飲料会社「ネスレ」の経営』に次ぐ2冊目である。今まで世界の多国籍企業を訪問調査した中でも、特にインパクトが強かった企業を現時点でもう一度検証してみたかった。

筆者は１９８０年代から１９９０年代にかけて一般社団法人企業研究会が主催して行った「国際経営調査研究プロジェクト」の運営に携わり、毎年1回、約3週間前後の訪問調査を10年間行った。日本の主要企業の国際事業担当幹部十数人とともに欧米の多国籍企業の訪問調査を行い、最終的に報告書にまとめるのである。訪問先との交渉、チームのコーディネート、報告書の作成まで全部を取り仕切る役を務めた。

これは大変でもあったが、「生きた多国籍企業の研究」でもあった。主に欧米と日本の多国籍企業訪問を行い、その数は10年間で１００社以上になる。その中にはＩＢＭ、ＧＥ、３Ｍ、Ford、Dow Chemical、Merck、Pfizer、Xerox、Ｊ＆Ｊ、DuPont、ＴＩ、Lear Siegler、Citibank、Benz、Schneider、Nissan、Honda、Canon、ＹＫＫなどの世界を代表する企業がある。この訪問を通じて得た海外企業への関心、訪問先での関係者との出会い、チームメンバーとの交流は、かけがえのない生きた勉強となった。

思い返すと、訪問先への道のり、交通手段、プレゼンテーションの内容と討議、本社や工場、歓迎レセプションの光景が蘇ってくる。当時は今と違ってメールではなくテレファックスや国際電話によるやり取りであり、その1つひとつが今は忘れることのできない思い出となって心に刻まれている。これこそが文献研究では味わえない暗黙知なのだろうか。

本書で取り上げるJ&Jはネスレと同様に、さまざまな多国籍企業訪問の中でも筆者にとって特別なインパクトとなっている。

本書は昨年の3月から少しずつ書き始めたが、新型コロナウイルスの感染拡大と東京首都圏に出された緊急事態宣言の中、皮肉にも巣ごもりの状態で予定よりも早くまとめることができた。本書はなんとか完成したが、いまだにコロナは見通せない状況にある。あらゆる与件が変わり、これからの経営の在り方が暗中模索の中にある。

J&Jはヘルスケア、医療関連事業の会社であるが故に、世界における新型コロナウイルスのワクチンの開発状況にも深い関心を持つことになった。日本製品はこれまで多くの分野で世界ブランドになっているが、こと新型コロナワクチンの開発については日本企業の状況は表には出てこない。これは日本の製薬企業の国際競争力を推し量る機会にもなったが、日本企業のさらなるチャレンジが必要な産業である。

J&Jはこの2月に、アメリカでは3例目となる新型コロナワクチンがFDAから承認され、接種が始まっている。このワクチンはJ&Jのファミリーカンパニーの1つであるヤンセンファーマが開発したものである。将来事業の成長を見据えて自社の経営戦略に組み入れる、アメリカ企業のダイナミズムを学びとることができる。

J&Jのニューブランズウィック本社は2回訪問したことがあったが、今回、3度目の訪問によって最新の状況を検証しようと考えていた。ところが、現下の新型コロナウイルスの世界的拡大によって訪問は不可能になり、それに代替する形でオンラインによるインタビュー調査を行った。

これまでJ&Jのさまざまな方々と交流させていただいた。本書の執筆にあたり、今回も筆者の問題意識を理解していただき真摯に協力していただいた次の方々にお礼を申し上げたい。

■Johnson & Johnson

Mr.Michael E. Sneed (Executive Vice President, Global Corporate Affairs, and Chief Communication Officer)

Ms. Margaret Gurowitz (Manager, Historian and Heritage Communication)

■ジョンソン・エンド・ジョンソン株式会社(日本)

代表取締役社長　玉井孝直氏

須賀川事業所　事業所長　鈴木千尋氏

コミュニケーション&パブリック・アフェアーズ部の担当者の方々

また、これまでにお会いし、インタビューさせていただいた方々にもお礼を申し上げたい。
Mr. Robert E. Campbell（Vice President, Finance, Executive Committee）（役職は１９８０年代当時）
Mr. John J. Heldrich（Vice President, Administration, Executive Committee）
（役職は１９８０年代当時）
日本のジョンソン・エンド・ジョンソンの歴代の社長…新将命氏、廣瀬光雄氏、松本晃氏、
David W. Powell氏

本書の執筆にあたり、アメリカ本社とのオンラインインタビュー、J＆J日本の対面インタビューのアレンジ、情報提供等においてはコミュニケーション＆パブリックアフェアーズ部にご協力いただいた。関係者の方々に感謝申し上げる次第である。なお、本書の内容はすべて筆者自身による研究に基づいた個人の見解である。執筆内容について不備や誤りなどがあれば、すべて筆者の責任である。

最後に、出版にあたっては今回も、同文舘出版の専門書編集部の青柳裕之さん、高清水純さんにお世話になりました。いつものご配慮ありがとうございます。

令和3年4月5日

高橋 浩夫

参考文献

David Vogel, *The Market for Virtue: The Potential And Limits Of Corporate Social Responsibility*, The Brookings Institutions, 2005.

Domenec Mele, *Business Ethics in Action: Seeking Human Excellence in Organizations*, Palgrave Macmillan, 2009.

Francis J. Aguilar, *Managing Corporate Ethics: Learning from America's Ethical Companies How to Supercharge Business Performance*, Oxford University Press, 1994.

Hiroo Takahashi, *The Challenge for Japanese Multinationals: Strategic Issues for Global Management*, Palgrave Macmillan, 2013.

Hiroo Takahashi, *Everything Originated from Milk: Case Study of Nestle*, World Scientific Publishing, 2021.

Ikujiro Nonaka and Toshihiro Nishiguchi, *Knowledge Emergence: Social, Technical, and Evolutionary Dimensions of Knowledge Creation*, Oxford University Press, 2001.

Johnson & Johnson, 2019 Annual Report.

LaRue T. Hosmer, *The Ethics of Management*, Irwin, 1987.

Lawrence G. Foster, *Robert Wood Johnson: The Gentleman Rebel*, Lillian Press, 1999.

Lawrence G. Foster, *A Company That Cares: One Hundred Year Illustrated History of Johnson &*

Johnson, Barnes & Noble Books. 1986
Thomas J. Peters and Robert H. Waterman Jr., *In Search of Excellence: Lessons from America's Best-Run Companies*, Harper & Row, 1982.

Verne E. Henderson, *What's Ethical Business?*, McGraw-Hill Professional Publishing Group, 1992.

岩淵明男『約束された成長―66年連続増収J&J常勝の経営戦略』出版文化社、１９９９年。

奥村悳一『現代企業を動かす経営理念』有斐閣、１９９４年。

小野桂之介『新版　ミッション経営のすすめ―ステークホルダーと会社の幸福な関係』東洋経済新報社、２００５年。

片山修『大切なことはすべてクレドーが教えてくれた』PHP研究所、２００７年。

蟹江憲史『ＳＤＧｓ』中央公論新社、２０２０年。

黒河昭雄「ライフサイエンス分野におけるオープン・イノベーションの現状と課題」『ファルマシア』第53巻第12号、２０１７年。

慶應義塾大学ビジネススクール・ケース「ジョンソン・エンド・ジョンソン株式会社メディカルカンパニー―禁煙活動への取り組み―」２００９年7月。

小林俊治、高橋浩夫編著『グローバル企業の経営倫理・ＣＳＲ』白桃書房、２０１３年。

高尾義明、王英燕『経営理念の浸透―アイデンティティ・プロセスからの実証分析』有斐閣、２０１２年。

高橋浩夫『研究開発のグローバル・ネットワーク』文眞堂、２０００年。

高橋浩夫『グローバル企業のトップマネジメント―本社の戦略的要件とグローバルリーダーの育成』白桃書房、２００５年。

高橋浩夫『すべてはミルクから始まった―世界最大の食品・飲料会社「ネスレ」の経営』同文

舘出版、２０１９年。

高橋浩夫編著『日米企業のケース・スタディによる経営倫理綱領の制定と実践』産能大学出版部、１９９８年。

高橋浩夫編著『トップ・マネジメントの経営倫理』白桃書房、２００９年。

竹内竜介『外資系製薬企業の進化史』中央経済社、２０１８年。

葉山彩蘭『企業市民モデルの構築―新しい企業と社会の関係』白桃書房、２００８年。

夫馬賢治『ＥＳＧ思考』講談社、２０２０年。

村上芽、渡辺珠子『ＳＤＧｓ入門』日本経済新聞出版、２０１９年。

南博、稲場雅紀『ＳＤＧｓ』岩波書店、２０２０年。

山下辰夫、中村元一『成功経営の法則―ジョンソン・エンド・ジョンソンのグローバル・スタンダード』ダイヤモンド社、２００１年。

【著者紹介】

高橋　浩夫（タカハシ　ヒロオ）
白鷗大学名誉教授、中央大学博士
多国籍企業学会・日本経営倫理学会名誉会員ほか
〔研究領域〕多国籍企業論、国際経営論、経営倫理

〔主要著書〕

Everything Originated from Milk : Case Study of Nestle, World Scientific Publishing, 2021.

『すべてはミルクから始まった：世界最大の食品・飲料会社「ネスレ」の経営』同文舘出版、2019年。

『最新「国際経営」入門』同文舘出版、2017年。

The Challenge for Japanese Multinationals: Strategic Issues for Global Management, Palgrave Macmillan, 2013.

『グローバル企業のトップマネジメント』白桃書房、2005年。

『研究開発のグローバル・ネットワーク』文眞堂、2000年。

『グローバル経営の組織戦略』同文舘出版、1991年。

ほか多数。

2021年6月10日　初版発行　　略称：J & J経営

“顧客・社員・社会”をつなぐ「我が信条」

－SDGsを先取りする「ジョンソン・エンド・ジョンソン」の経営－

著　者　© 高　橋　浩　夫
発行者　　中　島　治　久

発行所　同 文 舘 出 版 株 式 会 社
東京都千代田区神田神保町1-41　〒101-0051
営業（03）3294-1801　編集（03）3294-1803
振替 00100-8-42935　http://www.dobunkan.co.jp

Printed in Japan 2021　　DTP：マーリンクレイン
印刷・製本：萩原印刷

ISBN978-4-495-39048-8